KB267456

에리히 프롬 읽기

세창사상가산책 3

에리히 프롬 읽기

초판 1쇄 인쇄 2013년 11월 10일
초판 1쇄 발행 2013년 11월 15일

-

지은이 박찬국
펴낸이 이방원
기획위원 원당희
편집 조환열·김명희·안효희·강윤경
디자인 박선옥·손경화
마케팅 최성수

-

펴낸곳 세창미디어

출판신고 2013년 1월 4일 제312-2013-000002호

주소 120-050 서울시 서대문구 경기대로 88 냉천빌딩 4층

전화 02-723-8660

팩스 02-720-4579

이메일 sc1992@empal.com

홈페이지 http://www.sechangpub.co.kr/

-

ISBN 978-89-5586-194-5 04160

ISBN 978-89-5586-191-4 (세트)

ⓒ 박찬국, 2013

_ 이 책에 실린 글의 무단 전재와 복제를 금합니다.

_ 책 값은 뒤표지에 있습니다.

이 도서의 국립중앙도서관 출판시도서목록(CIP)은 서지정보유통지원시스템 홈페이지(http://seoji.nl.go.kr)와
국가자료공동목록시스템(http://www.nl.go.kr/kolisnet)에서 이용하실 수 있습니다. CIP제어번호: CIP2013022319

세창사상가산책 | ERICH FROMM

에리히 프롬 읽기

박찬국 지음

3

세창미디어

　철학을 전공하는 많은 사람들은 본격적인 철학서를 읽는다기보다는 교양 있는 수필을 읽는 정도로 프롬의 책을 대하는 경향이 있다. 이미 30여 년 이상을 철학을 공부하는 데 바치고 철학자들 중에서는 가장 난해하다는 하이데거의 사상에 대해서 박사논문을 쓴 나 역시 프롬을 그렇게 오만하게 대해왔던 것 같다. 고등학교 시절과 대학시절에『자유로부터의 도피』,『사랑의 기술』,『소유냐 존재냐』를 한 번 읽었을 뿐 그 이후로는 프롬에 대해서는 전혀 관심을 갖지 않았다.

　내가 프롬에 다시 관심을 갖기 시작한 것도 사실은 프롬의 사상 자체에 대한 관심보다도 교육상의 이유 때문이었다. 대학에서 교편을 잡은 후 교양철학을 가르치다 보니 대학생들에게 적합한 철학교재를 찾게 되었다. 나는 대학생들에게 살아가는 데에 지침을 줄 수 있으면서도 난해하지 않은 교재로 프롬의 『건전한 사회』와 『소유냐 존재냐』를 택하게 되었다. 이러한 책들을 다시 접하면서 내가 그동안 무시해 왔던 프롬이 그렇게 가볍게 볼 수 있는 사상가가 아니라는 사실을 발견하게 되었다.

나는 프롬이 현대사상계에서 갖는 가장 큰 의의를 그가 20세기의 사상가들 중에서 유일하게 현대사상의 가장 큰 조류를 형성했던 프로이트의 정신분석학과 마르크스주의 그리고 실존철학을 종합하려고 했다는 데서 찾고 싶다. 그는 기본적으로 마르크스에 무한한 애착을 가지고 있는 인본주의적 사회주의자이면서도 마르크스주의자들이 반동 사상가들로 배척해 마지않는 프로이트나 니체, 하이데거와 같은 사람들의 통찰을 받아들이는 데 주저가 없었다. 이렇게 개방적이고 유연한 사유태도는 이데올로기적인 투쟁과 갈등으로 점철되어 있던 20세기에 참으로 보기 드문 것이라고 생각한다.

프롬이 이렇게 다양한 사조들에 대해서 개방적이었다고

해서 그가 아무런 사상적인 중심도 없이 모든 사상을 절충적으로 받아들였다는 것은 아니다. 프롬은 모든 종교와 철학사조에 대해서 개방적인 태도를 취하면서도 자신의 중심을 잃지 않는다. 근래 유행하는 상대주의적인 풍조가 모든 사조에 대해서 개방적인 태도를 취한다는 명분 아래 옳고 그름의 어떠한 기준도 없다는 허두주의에 빠지는 반면에, 프롬은 그러한 상대주의적 태도야말로 병적인 것으로서 타기해 마지않는다.

프롬은 어떠한 사조나 삶의 방식이 인간을 생산적이고 건강하게 만들고 비생산적이고 불건강하게 만드는지를 예민하게 감지해 낸다. 그는 인간을 비생산적이고 불건강하게 만드는 모든 종교적·철학적 관념은 단호하게 비판하지만, 인간을 생산적이고 건강하게 만드는 모든 종교적·철학적 통찰은 하나도 버리지 않고 수용하려 한다. 이러한 통찰들을 그는 단순히 절충하는 것이 아니라 인간과 사회에 대한 하나의 중심적인 통찰에 근거하여 종합하고 있는 것이다.

1976년에 죽었던 프롬은, 21세기가 시작되는 2000년이라는 해는 인간의 자유와 행복을 지상에 실현하려 했던 근대 계몽주의의 이상이 유종의 미를 거둔 해가 아니라, 인간이 인간답게 되는 것을 포기하고 거대사회의 기술적인 부품으로 전락하게 되는 시대의 시작일지도 모른다고 말한 바 있다. 21세기가 벌써 10년이 넘게 지난 오늘날의 상황에서 프롬의 예견이 틀렸다고 어느 누구도 말하지 못할 것이다. 세계화가 급속하게 진행되고 세계가 하나의 경제권으로 편입되어 가는 와중에서 사람들은 거대사회의 소모적인 기술부품으로 더욱더 전락하고 있을 뿐 아니라 이러한 기술부품으로라도 계속해서 쓰이기 위해서 발버둥을 치고 있다.

이러한 상황에서 프롬의 사상은 여전히 우리가 귀를 기울여야 할 소중한 통찰을 담고 있다고 생각된다. 본인은 이 책을 통해서 이러한 통찰을 체계적이면서도 이해하기 쉽게 독자들에게 전달하려고 했다.

이 책은 크게 7부분으로 이루어져 있다. 1부는 프롬의 생애를 소개하고 있으며, 2부는 현대사회와 현대인이 어떤 식으로 병들어 있는지에 대한 프롬의 분석을 살펴보았다. 3부에서는 프롬의 인간관을 살펴보았으며, 4부에서는 프롬의 윤리학을, 5부에서는 프롬의 종교철학을 살펴보았고, 6부에서는 프롬이 지향했던 인본주의적이고 공동체주의적인 사회주의가 어떠한 내용을 갖는지를 살펴보았으며, 7부에서는 프롬이 프로이트의 정신분석학과 마르크스주의 그리고 실존철학을 어떻게 종합하고 있는지를 살펴보았다.

끝으로 이 책은 『에리히 프롬과의 대화』(철학과 현실사, 2001)의 내용을 전체적으로 새롭게 다듬은 것임을 밝혀둔다.

2013년 10월
박 찬 국

1

에리히 프롬의 생애*

* 에리히 프롬의 생애에 대해서는 세창명저산책의 네 번째 책으로 나왔던 『에리히 프롬의 "소유냐 존재냐" 읽기』(박찬국, 세창미디어, 2012)에서 이미 간략하게 소개한 바 있다. 여기서는 그 책에서 소개된 것을 제외하고 프롬의 생애를 소개할 것이다.

1

어린 시절—탈무드 연구가가 꿈이었던 소년

에리히 프롬은 1900년 3월 23일 독일 상공업의 중심지이었던 프랑크푸르트에서 태어났다. 당시 프랑크푸르트는 독일의 어떠한 지역들보다도 자유주의적이고 계몽주의적인 정신이 강한 도시였다. 부모는 모두 유태인이었고 프롬은 외아들이었다. 프롬은 자신의 부모가 신경질적인 성격의 소유자였으며 자신도 매우 신경질적인 아이였다고 회상하고 있다. 프롬은 어릴 적부터 인간의 비합리적인 성향과 행동에 대해서 자주 의문에 사로잡혔는데, 이렇게 된 원인 중의 하나를 조급하고 성미가 까다로운 아버지와 곧잘 우울해하는 어머니 밑에서 자라게 된 데서 찾고 있다.

프롬의 집안은 친가든 외가든 독실하게 유태교를 신봉했다. 이러한 가정환경으로 인해 프롬은 어릴 적에는 유태교 경전인 탈무드 연구가가 되려고 했다. 프롬은 나이가 들수록 자신의 유태인 선조들과 교사들에 대해서 자주 이야기하곤 했다고 한다. 이들은 진정한 의미에서 '종교적인' 사람들이었고, 유태인은 돈을 밝히고 사업수완이 좋은 사람들이라는 통상적인 선입견과는 달리 돈과 사업에 무관심한 사람들이었다. 평생을 신의 말씀에 충실하게 따르려고 했던 이들은 일생 동안 프롬의 귀감이 되었다.

2

제1차 세계대전의 충격

프롬은 제1차 세계대전이야말로 자신이 청년기에 겪은 가장 결정적인 사건이었다고 생각한다. 물론 프롬은 1차 세계대전이 일어났던 1914년 당시에는 14살의 소년에 불과했기에 전쟁의 원인과 같은 근본적인 문제에는 관심이 없었다고 한다. 그는 독일이 전투에서 승리했다는 소식을 들었을 때는 열광하고 가까운 친척들이 전쟁터에서 죽었다는 소식을 들었을 때는 슬퍼하는 정도의 어린아이다운 관심만을 가지고 있었다. 그런데 프롬은 전쟁에 대해서 교사들이 보인 이중적인 태도 때문에 '왜 인간은 전쟁을 하는가'와 같은 보다 근본적인 문제에 깊은 관심을 갖게 되었다.

프롬의 라틴어 교사는 전쟁이 일어나기 2년 전만 해도 "전쟁을 막고 평화를 유지하기 위해서는 무장武裝을 해야 한다"고 말하면서 전쟁을 반대하고 평화를 지지하는 것처럼 말했었다. 그러나 정작 전쟁이 일어났을 때 그는 기뻐했다고 한다. 프롬은 이러한 태도를 보면서 전쟁 전에 그가 가졌던 평화에 대한 관심이란 사실은 진실된 것이 아니었다는 것을 알게 되었다. 항상 평화를 내세우던 사람이 전쟁이 일어나자마자 일변해서 전쟁을 찬양하는 것은 평화에 대한 그의 관심이 위선적이었음을 증명한다는 것이다. 프롬은 그 후 평화를 유지한다는 명분으로 무장을 주장하는 사람들을 믿지 않게 되었다. 프롬은 자신의 라틴어 교사보다도 선의善意와 성실성을 갖춘 사람들이 그러한 주장을 할 경우에도 그러한 주장은 믿을 수 없다고 말한다.

그러나 프롬은 1차 대전과 관련하여 또 다른 충격적인 경험을 하게 된다. 이러한 경험은 앞의 경험과는 완전히 성격을 달리하는 것이었다. 그 무렵 14살에 불과했던 프롬도 독일인들 모두에게 퍼져 있던 영국인을 향한 맹목적인 증오에 사로잡혀 있었다. 영국인은 순진무구한 독일의 용사들을 몰살하려는 악마로 간주되었다. 이렇게 애국적인 분위기가 지배하는 상황에서 프롬의 급우들은 영어 선생님에게서 영국 국가를 암기하라는 숙제를 받았다. 영국에 대한 증오에 사로잡혀 있던 학생들은 적국의 국가를 배우는 것을 거부하겠다고 선생님에게 말했다. 그때 교단에 서 있던 선생님은 야릇한 미소를 지으면서 "그게 무슨 소리야? 지금까지 영국은 단 한 번도 전쟁에 진 적이 없어!"라고 조용히 말했다고 한다.

프롬은 선생님의 이 소리를 광기와 증오가 휩쓸고 있는 상황에서도 냉정을 유지하고 있는 이성의 소리로 들었다고 말하고 있다. 프롬에게 이 한마디의 말과 선생님이 보인 침착하고 이성적인 태도는 평생에 걸쳐서 교훈이 되었다. 이로 인해 프롬은 증오와 독선과 같은 광적인 기분에서 벗어나, 어떻게 해서 전쟁처럼 비인간적인 일이 일어날 수 있는지에 대한 의문을 갖게 되었다.

3

인본주의적인 유태교와의 만남

프롬은 1918년에 대학입학 자격시험에 합격한 후 프랑크푸르트 대학에 입학하여 두 학기 동안 법학을 공부한다. 프롬이 프랑크푸르트 대학에서 수학하던 시절 프롬에게 가장 큰 영향을 미친 사람은 유태교 랍비인 네헤미아 안톤 노벨 박사였다. 노벨은 유태교 신비주의자로서 극히 종교적인 삶을 살았으면서도 괴테와 칸트를 애호하는 휴머니스트였고 계몽주의자였다. 아울러 그는 그 당시 철학계를 주도하고 있던 신칸트학파의 대표자 중의 하나인 헤르만 코엔의 사상에 깊은 감명을 받은 후 그의 사상을 프롬에게 소개했다. 헤르만 코엔은 1873년에서 1912년까지 마르부르크 대학의 교수였고 이 당시 프로이센 주에서 단 한 명뿐인 유태인 정교수였다.

코엔은 당시 독일 내의 유태인 사회와 직접적으로 교류하지 않으면서도 '유태교의 인본주의적인 사상'을 높이 평가하면서 적극적으로 받아들였다. 그는 유태교에서 계몽주의적인 인류애와 보편주의적이고 메시아적인 이상을 재발견했다. 프롬이 나중에 유태교의 훌륭한 점으로 거론하게 되는 것들은 사실은 코엔의 해석에 입각한 것들이었다.

프랑크푸르트 대학에서 법학을 두 학기 동안 공부한 후, 프롬은 1919년부터는 하이델베르크 대학에서 사회학과 심리학 그리고 철학을 공부하는 것으로 방향을 전환하게 된다. 이는 프롬이 1차 세계대전을 계기로 인간의 비합리성에 대해서 깊은 관심을 품게 되었기 때문이다. 하이델베르크에서 프롬은 노벨 못지않게 자신에게 큰 영향을 끼친 랍비 라빈코프 Rabinkow 밑에서 1926년까지 탈무드를 공부하게 된다. 라빈코프는 그의 마지막 탈무드 교사였다. 프롬은 사오 년 동안 거의 매일 라빈코프를 방문했다고 한다. 프롬은 라빈코프를 통해서 마이모니데스의 사상과 유태교 신비주의인 하시딤을 알게 되었다.

노벨이 보수적인 유태적인 삶을 괴테의 시와 칸트의 계몽주의 철학과 결합하려고 한 반면에, 라빈코프는 종교적 삶을 사회주의적인 혁명적 태도와 결합하려고 했다. 그는 예언자들과 마이모니데스의 사상 그리고 하시딤의 이야기에서 급진적인 휴머니즘사상을 발견했다. 유태교에 대한 라빈코프의 사해동포주의적이고 휴머니즘적인 해석의 영향을 받고 프롬은 정통 유태교에서 벗어나 비유신론적인 휴머니즘을 자신의 신조로 삼게 되었다.

프롬은 1922년에 막스 베버의 동생이었던 사회학자 알프레드 베버에게서 박사학위를 받게 되는데, 라빈코프의 사상이 프롬의 사상에 얼마나 많은 영향을 주었는지는 프롬의 박사학위논문에서 잘 드러난다.

4

정신분석학과 마르크스주의와의 만남

1926년에 프롬은 정신분석의인 프리다 라이히만Frieda Reichmann과 결혼한다. 당시 프리다 라이히만은 하이델베르크에서 프로이트의 정신분석학을 치료에 응용하고 있었다. 프롬은 프리다 라이히만을 통해서 본격적으로 정신분석학에 접하게 되었고 프로이트의 제자였던 칼 란다우어에게서 정신분석학을 배우게 된다. 나중에 프로이트의 리비도 이론을 철저하게 비판하게 되는 프롬도 1934년까지는 프로이트의 리비도 이론을 신봉하는 정통 프로이트주의자였다.

1935년부터 프롬은 카렌 호니Karen Horney나 설리반Harry Stack Sullivan과 같이 심리치료에서 인간관계를 중시하는 사람들의 영향을 받고서 프로이트에 대해서 거리를 두게 된다. 프로이트가 개인을 고립적이고 자족적인 존재로 보면서 자신의 개인적인 충동의 실현을 위해서만 다른 사람들을 필요로 한다고 보았던 반면에, 카렌 호니나 설리반과 같은 사람들은 인간관계가 갖는 중요성을 강조했다. 이와 함께 이들은 환자의 일상적인 문제에 대해서 함께 관심을 갖고 환자와 진지하게 대화를 나누는 것을 심리치료의 가장 중요한 수단으로 보았다.

프롬은 프로이트의 정신분석학 외에도 마르크스주의에 대해서도 깊은 관심을 갖고 있었다. 프롬이 마르크스에 끌린 것은 마르크스의 분석이 갖는 탁월함 때문만이 아니라 세계평화와 사해동포주의에 대한 마르크스의 열정 때문이기도 했다. 프롬은 정신분석학과 마르크스주의 사회학을 결합한 분석적인 사회심리학이라는 새로운 연구분야를 개척하려고 했다. 이러한 관심과 함께 프롬은 프랑크푸르트학파를 탄생시킨 막스 플랑크 사회연구소에서 1930년에서 1938년까지 사회심리학 분야 책임자로 일했다.

프롬은 프로이트와 마르크스의 사상을 심도 있게 연구함으로써 인간 개개인의 심리현상과 사회현상에 대한 여러 가지 의문을 풀려고 했다. 프롬은 개인 생활을 지배하는 법칙과 아울러 사회법칙, 즉 사회적 존재로서의 인간을 규정하는 법칙을 이해하려고 했다. 프롬은 프로이트와 마르크스에게서 참된 통찰이라고 생각되는 부분들을 받아들이면서도 양자에 존재하는 시대적인 편견과 선입견을 수정하면서 양자를 종합하려고 했다.

1934년 프롬은 나치의 박해를 피해 미국에 망명한다. 프롬은 계속해서 막스 플랑크 사회연구소에서 일하지만 프로이트에 대해서 비판적인 태도를 취하게 되면서 다른 연구원들과 마찰을 빚게 된다. 그러나 프롬의 프로이트 비판을 둘러싸고 연구소 내에서 진행되던 논란은 학문적인 성격보다는 다분히 인신공격적인 성격을 띠게 된다.

프롬의 말에 따르면, 연구소장이었던 호르크하이머는 원래는 프롬의 프로이트 비판에 대해서 이의가 없었다. 그러던 호르크하이머는 갑자기 생각을 바꿔서 정통적인 프로이트 주의를 변호하면서 프로이트가 성욕에 대한 유물론적인 입장을 취하고 있다는 이유로 진정한 혁명가로 간주했다. 프롬은 호르크하이머의 생각이 이렇게 변하게 된 것은 자신이 격렬하게 비판한 적이 있는 아도르노의 영향에 의한 것으로 보고 있다.

프롬은 프로이트의 성욕이론을 비롯한 오이디푸스 이론 등이 당시의 가부장적인 부르주아 사회에 대한 프로이트 스스로의 비판에도 불구하고 기본적으로 그러한 사회의 가치관에 사로잡혀 있었다고 보고 있다. 따라서 프롬은 정신분석학을 생리학적이고 생물학적인 토대 위에 세우려던 프로이트와는 달리 정신분석학을 사회학적인 토대 위에 세우려고 했다. 아도르노가 연구소의 전임연구원이 된 1938년에 프롬은 연구소에서 탈퇴하게 된다.

프롬은 1940년에 미국시민권을 획득하고, 1944년에는 두 번째 부인인 헤니 구를란트Henny Gurland와 결혼한다. 프롬은 첫 번째 부인인 프리다 라이히만과는 1931년에 이혼했지만 일생

동안 서로 친구로 지냈다. 프롬은 1949년에 멕시코로 이주한다. 멕시코에는 나치에서 도망하는 중에 부상을 입은 부인의 치료에 좋다는 광천鑛泉이 있었기 때문이다. 그러나 헤니 구를란트는 결혼한 지 4년밖에 되지 않는 1952년에 죽는다.

멕시코시티로 거주지를 옮겼지만 프롬은 매년 거의 4개월 동안은 강의 등을 위해서 미국에서 활동했다. 프롬은 멕시코에서 25년 이상을 살았다. 그는 거기서 새로운 고향을 발견했고 대학에서 정신분석학을 가르치는 한편 연구소를 설립하여 연구와 치료를 병행했다. 헤니 구를란트의 때 이른 죽음으로 프롬은 심각한 정신적인 타격을 입었는데, 그는 미국 출신의 애니스 프리먼Annis Freemar.의 도움으로 그러한 충격을 극복하게 된다. 프롬은 그녀와 1953년에 결혼했다.

5

정치참여와 죽음

1955년 프롬은 미국 사회당에 가입했지만, 자신의 제안들이 당 내의 관료주의 때문에 받아들여지지 않자 당과 결별하게 된다. 그럼에도 프롬은 정치활동을 중단하지 않고 자신이 할 수 있는 모든 힘을 다하여 현실을 변화시키려고 했다. 프롬은 영향력이 있는 정치인들에게 수많은 편지를 썼으며, 당시 베트남전에 반대했던 인본주의적인 상원의원이었던 유진 매카시Eugene McCarthy의 대통령 당선을 위한 선거유세에 참여했다. 그는 68세라는 고령임에도 불구하고 미국 전역을 돌아다니면서 수많은 연설을 하다가 1968년에 심장마비를 맞으면서 모든 정치활동을 중단했다.

프롬은 열두어 살 때부터 아버지의 회사에서 일하던 사회주의자와 정치를 논하는 등 일생에 걸쳐서 정치에 깊은 관심을 품어왔지만, 자신의 기질이 정치활동에 부적합하다는 사실을 잘 알고 있었다. 그럼에도 프롬이 정치활동에 뛰어들기로 결심한 것은 파국을 향해서 치달리는 국제정치상황을 목전에 두고 방관해서는 안 된다는 의무감 때문이었다. 그러나 프롬은 나중에 자신이 단순한 의무감 이상의 이유로 정치활동에 뛰어들게 되었음을 깨닫게 된다. 세계가 광기狂氣에 빠지고 비인간화되면 될수록 사람들은 인본주의적인 관심을 공유하는 사람들과 함께 있고 함께 일하고 싶은 욕구를 느끼는데, 바로 그러한 욕구가 자신이 정치에 참여하게 된 주요한 원인이기도 했다는 것이다. 프롬은 자신이 함께 활동했던 사람들이 자신을 격려하고 자신에게 용기를 주었던 것에 대해서 깊은 감사를 하고 있다.

1976년에는, 『사랑의 기술』과 함께 세계적인 베스트셀러가 된 『소유냐 존재냐』가 출간되었다. 프롬이란 이름이 세계 전역에서 회자되는 가운데 프롬은 심장마비로 인해 1980년 80세의 나이로 숨졌다. 프롬이 죽은 지 며칠 후에 열 권에 달하는 프롬 전집이 출간되었다.

2

현대사회와 현대인에 대한 프롬의 진단
─병든 사회와 병든 인간

　프롬은 현대사회가 근본적으로 병들어 있으며 다시 건강을 되찾기 위해서는 일종의 대수술이 필요하다고 생각한다. 대부분의 사람들이 실로 현대사회에 문제가 있지만 사람들을 점진적으로 계도하고 사회제도를 개선함으로써 충분히 해결될 수 있다고 생각하는 반면에, 프롬은 현대의 위기는 인간과 사회의 근본적인 변혁 없이는 극복될 수 없다고 생각하는 것이다.

　프롬은 현대사회가 얼마나 병들어 있는지를 여러 예를 통해서 보여준다. 정치적인 상황을 살펴볼 때 지난 1세기 동안에 크고 작은 전쟁을 통해서 수천만의 사람들이 살해되었다. 또한 1차 대전이나 2차 대전과 같은 대규모전쟁은 아직 일어나지 않고 있지만 지구를 몇 번이고 파괴할 수 있는 무기들이 계속해서 생산되고 있다.

　경제적인 상황 역시 암담하다고 프롬은 말하고 있다. 지구의 한쪽에서는 수많은 사람들이 기아로 허덕이고 있는데도,

지구의 다른 한쪽에서는 과잉생산으로 고민하면서 경제체제의 원활한 기능을 위해서 군수산업에 거액을 지출하고 있다. 그리고 보다 큰 물질적인 풍요를 이룩하기 위해서 각국이 사회구성원들 간의 경쟁을 격화시키면서 빈부격차가 심화되고 있으며 이와 함께 인간관계가 파탄을 맞고 있다.

문화적인 상황에서도 90퍼센트 이상의 사람들이 글을 읽고 쓸 수 있을 정도로 높은 문화적인 수준을 갖고 있는 것처럼 보이지만, 사람들이 매일 듣고 읽는 라디오, 텔레비전과 영화, 신문에는 수준 높고 품위 있는 문학이나 음악이 아니라 잡담이나 잔혹하고 기괴한 공상 같은 것들만이 난무할 뿐이다.

프롬은 이러한 사회에서 살고 있는 현대인들이 얼마나 정신적으로 병들어 있는지를 보여주는 몇 가지 증거를 미국사회를 예로 하여 들고 있다. 2차 대전 중에 소집된 미국 청년들의 17.7 퍼센트가 정신질환 때문에 군에 입대할 수 없었다. 그리고 미국의 모든 병원에 있는 병상의 절반 이상이 정신병 환자들을 위해 사용되고 있고 이들을 위해서 매년 수십억 달러 이상의 치료비가 지출되고 있다. 이러한 사실은 현대인들이 겪고 있는 정신질환의 정도가 얼마나 높은지를 단적으로 증명한다. 덴마크, 스웨덴, 핀란드, 스위스, 미국 등 물질적으로 가장 풍요롭고 사회가 가장 잘 운영되고 있다고 평가되는 나라들에서 자살률이 가장 높고 알코올중독자들의 비율도 가장 높다.

프롬은 유럽에서도 가장 민주적이고 평화롭고 번영을 누리고 있는 국가들과, 세계에서 물질적으로 가장 부유한 미국에서 가장 극심한 정신장애의 증상이 나타나고 있다는 사실에 주목한다. 서구사회뿐 아니라 이제 세계 전체가 추구하고 있는 사회경제적인 목표는 물질적으로 안락한 생활, 비교적 평등한 부의 분배, 안정된 민주주의와 평화인데, 바로 이 목표들에 가장 가까이 접근한 나라들에서 정신적인 불균형의 징후가 가장 심하게 나타나고 있다는 것이다.

프롬은 이러한 사실에 근거하여 현대인들이 추구하는 생활방식과 목표에 근본적인 결함이 있다고 본다. 프롬은 사람들이 물질적인 풍족만을 추구하면서 삶의 깊은 의미를 상실하고 한없는 권태감에 시달리게 되었으며, 과소비와 알코올중독 등은 이러한 권태감에서 벗어나기 위한 몸부림이 아닌가라는 의문을 제기한다.

프롬은 현대인과 현대사회의 병적인 성격을 그의 모든 책에서 분석하고 있지만 무엇보다도『건전한 사회*The sane Society*』에서 상세하게 분석하고 있다.[*]

<hr>

1
현대인과 현대사회의 정신적 건강상태

● 사회적 성격과 사회구조

현대인이 정신적으로 병들어 있다는 진단은 현대인들이 전반적으로 동질적인 정신성향을 갖고 있다는 사실을 전제한다. 프롬은 이러한 정신성향을 사회적 성격이라고 부르고 있다. 현대인이 정신적으로 병들어 있다는 것은 그들이 갖는 사회적 성격이 병들어 있다는 것을 의미한다. 사회적 성격이란

[*]『건전한 사회*The sane Society*』, 김병익 역, 범우사, 1975년.

특정한 사회가 지속적으로 그리고 순조롭게 기능하기 위해서 그 사회구성원들이 갖지 않으면 안 되는 성향이다.

예를 들어 현대의 산업사회가 유지되기 위해서는 사회구성원들이 기강과 질서와 시간엄수를 중시하는 인간으로 변형되지 않으면 안 된다. 개개의 인간이 매일 의식적으로 기강과 질서 그리고 시간엄수를 존중하겠다고 결심하는 것만으로는 불충분하며 인간의 성격 자치가 변하지 않으면 안 되는 것이다.

그런데 이러한 사회적 성격은 사회구조와의 상호관계에서 형성된다. 프롬은 이렇게 말하고 있다.

건강한 사회는 개인이 동료를 사랑하고 창조적인 작업을 하고 이성과 객관성을 발전시키고 자신의 생산적인 힘을 체험하게 함으로써 자신의 자아에 대한 감각을 갖도록 도와준다. 이에 대해서 불건전한 사회는 상호 간에 적의와 불신감을 일으키고 타인을 이용해서 착취하는 도구로 변모시킨다. _『건전한 사회』

따라서 프롬은 사회적 성격의 파악을 위해서는 특정한 사회경제적 구조가 인간성에 미치는 영향을 연구해야만 한다고 생각한다. 인간이 먹고 살기 위해서는 그 사회의 요구에 적응하지 않으면 안 되기 때문에 사회경제적인 구조는 인간의 성격형성에 크게 영향을 미치게 된다. 프롬은 현대자본주의사회가 인간의 성격을 어떻게 왜곡시키고 있는지를 상세하게 분석하고 있다.

● 현대자본주의의 병적인 성격

현대자본주의도 자본주의에 속하는 한, 모든 자본주의사회와 마찬가지로 다음과 같은 특징들을 본질적인 요소로 갖는다.

첫째로, 모든 사람이 정치적·법적으로 자유롭다는 점.

둘째로, 노동자와 피고용자들이 자신들의 노동을 노동시장에서 계약을 통해 자본가에게 판다는 점.

셋째로, 시장에 의해 가격과 경제활동이 조정된다는 점.

넷째로, 각 개인은 자신의 이득을 얻을 목적으로 행동하지만 여러 사람의 경쟁적 활동에 의해 사회 전체적으로 최대의 이익이 생긴다고 가정한다는 점.

모든 자본주의사회가 위와 같은 특징들을 갖는 한 그것은 마르크스가 지적한 것처럼 사람들을 소외상태로 몰아간다. 소외란 '인간이 자신을 창조적이고 주체적인 존재로 느끼지 못하고 자신의 행위의 산물에 불과한 것을 오히려 주체로 보면서 그것에 복종하고 숭배하는 상태'를 의미한다.

프롬은 소외란 단어가 사용된 것은 최근의 일이지만 그것이 의미하는 사태는 훨씬 오래된 것으로 보면서, 그 대표적인 예를 구약성서의 예언자들이 말하는 '우상숭배'에서 찾고 있다. 예를 들어서 사람들이 황금으로 만든 송아지를 신으로 숭상할 때, 그것은 인간의 창조물에 불과한 것인데도 사람들은 그것을 자신들에게서 독립된 절대적인 존재로 생각하면서 그것에 복종하고 의존하게 된다. 사람들은 황금송아지가 전능한 힘을 가지고 있다고 생각하면서 자신들은 무력하고 보잘것없는 존재라고 생각하게 되는 것이다.

구약성서에 나오는 우상상배의 예에서 보듯이 소외란 결코 자본주의사회에서만 보이는 현상은 아니지만 자본주의사회에서 소외는 거의 전면적인 것이 되었다. 소외는 사회와 노동, 소비하는 물건, 국가, 동료, 그리고 자기 자신과의 관계까지 지배하고 있다. 이와 함께 사람들이 숭배하는 우상은 자본주의사회에서는 민족, 계급, 인종, 돈, 명예, 특정한 경전, 정치적인 교의, 특정한 정치가 등처럼 다양한 형태로 나타난다.

프롬은 자본주의사회에서 보이는 소외의 다양한 형태들을 아래와 같이 분석하고 있다.

첫째로 자본주의사회에서 노동자들은 노동으로부터 소외된다. 노동은 단순히 연명하기 위한 수단이 아니라, 인간이 자신의 창조적 능력을 구현하는 것을 통해서 자신을 고양시키고 성숙시키는 활동이다. 그러나 자본주의에서 노동은 철저하게 분업화되어 있고 노동자들은 생산을 주체적으로 주도할 수 없게 된다. 이에 따라 노동은 흥미 있는 창조 활동이 아니라 연명을 위한 고역苦役이 된다. 노동자들은 노동에서 큰 의미를 발견하지 못하기 때문에 노동을 기피하게 되며 나태를 이상으로 여기게 된다.

둘째로 노동자들은 노동 생산물로부터 소외되어 있다. 노동자들이 생산한 노동 생산물은 노동자에게 귀속되지 않는다. 그것은 자본가들에게 귀속되며, 자본가들이 노동자들을 효과적으로 착취할 수 있는 도구가 된다. 기계는 노동자들에 의해서 만들어졌으면서도 노동자들의 일자리를 빼앗아 노동자들을 실업자로 전락시키게 되며, 기계가 발달할수록 노동자들의 노동은 기계를 보조하는 역할로 전락하게 된다.

셋째로 노동자들은 타인들로부터 소외된다. 이것은 자본주의가 기본적으로 경쟁 사회라는 데서 비롯된다. 노동자들은 한정된 일자리를 놓고 서로 경쟁할 수밖에 없다. 아울러 자본가들도 자신이 살아남기 위해서 노동자들을 착취할 수밖에 없고 다른 자본가들과 경쟁할 수밖에 없다는 점에서, 자본가들도 노동자들 못지않게 타인으로부터 소외되어 있다. 따라서 자본주의 사회의 개인들은 서로 분리되어 있는 낱알들과 같다. 이러한 낱알들은 서로 생소한 관계에 있으며 이기적인 이익을 위해서 서로를 이용할 필요가 있기 때문에 함께 얽혀 있을 뿐이다. 사람들은 서로 간에 소외되어 있다.

넷째로 자본주의에서 사람들 간의 관계는 거래 관계로 전락하며 사람들은 자신들이 소유한 돈에 따라서 자신의 가치를 평가받는다. 사람들은 이제 돈을 벌기 위해서 일할 뿐이며, 인간관계나 직업에서 화폐로 계산될 수 없는 존엄한 성격은 사라져버렸다. 이와 함께 자본주의사회에서 사람들은 자기 자신을 시장에서 매매되는 물건처럼 생각하게 된다. 인간은 경제시장, 결혼시장 등 모든 종류의 시장에서 자기 자신을 성공적으로 팔리게 하는 것을 목표한다. 이에 따라 사람들은 자신의 모든 경험·생각·감정·결심·판단·행동을 시장의 요구에 맞춘다. 사람들은 자기 자신으로부터 소외되어 있다.

다섯째로 사람들은 사회로부터 소외되어 있다. 자본주의 사회에서는 모든 사람이 자신들의 자유와 주체성을 상실하게 된다. 자본주의에서 사회의 진정한 주체는 자본가나 노동자가 아니라 시장이다. 자본가는 자신이 원해서라기보다 자본가로 살아남기 위해서 자신의 사업을 확장할 수밖에 없다. 노동자 역시 시장에 의해서 결정된 임금수준을 수락할 수밖에 없다. 시장은 사회구성원들의 다양한 활동이 빚어낸 결과이면서도 그것은 오히려 독자적인 법칙에 따르면서 사람들을 자신의 법칙에 복속시킨다. 자본주의에서는 모든 사람이 자기 자신의 이득에 따라 행동한다고 믿지만 사실은 보이지 않는 시장 법칙에 따라 움직이게 된다. 이런 의미에서 자본가에게도 노동자에게도 자유와 자결自決은 하나의 환상에 불과하다. 사람들은 자신들의 사회를 주체적으로 운영하는 것이 아니라 사회로부터 소외되어 있는 것이다.

　여섯째로 사람들은 국가로부터 소외되어 있다. 자본주의 사회에서 사람들은 낱알처럼 서로 개별화되어 있기 때문에 자신의 경제적인 사정이나 건강과 같은 개인적인 문제 등을 주로 염려할 뿐이며 전쟁을 비롯한 국제적인 문제나 사회적인 문제 등에는 관심을 갖지 않는다. 이러한 상황에서 사람들은 국가적인 정책의 결정에 거의 영향력을 행사할 수 없기 때문에, 사회를 주체적으로 운영할 수 있는 자신의 능력을 국가나 민족 아니면 민중이라는 추상적인 실체로 투사하고 그것들을 숭배하면서 그러한 추상적인 실체를 대표하는 정치가들에 복종한다. 그 결과 국가권력과 정치가들은 사람들 위에 군림하는 우상이 된다. 사람들은 경쟁사회 안에서 고립과 고독으로 불안해하면서, 국가와 민족 또는 민중이란 추상적인 실체와 그들을 대표하는 것처럼 보이는 정치가들과 자신을 동일시함으로써 그러한 고독과 불안을 극복하려고 한다. 국가는 국가구성원들의 세금에 의해 운영되면서도 정작 대부분의 사회구성원들은 국가운영으로부터 소외되어 있는 것이다.

프롬은 이러한 특징들은 모든 자본주의사회에서 공통적으로 보이는 것이지만 자본주의가 각 시대마다 보여주는 차이도 이러한 공통점들 못지않게 중요하다고 본다. 프롬은 자본주의사회의 변화를 19세기와 20세기로 나누어 살펴보고 있다.

2

19세기 자본주의와 사회적 성격

● 착취와 경쟁의 지배

19세기 자본주의의 가장 큰 특징은 무엇보다도 노동자들이 무자비하게 착취를 당했다는 데 있다. 생산과 교환의 조절자로서의 시장은 19세기에 모든 전통적인 제한으로부터 해방되어 철저하게 사회를 지배하게 되었다. 시장법칙이 사람들이 개입해서는 안 되는 자연법으로 간주되었고 경제적 정글의 법칙이 최고의 법으로 간주되었기 때문에, 시장사정에 따라 수십만의 노동자가 기아선상에서 살더라도 문제시되지 않았다.

봉건시대에 군주와 귀족은 신민臣民들에게 봉사와 물질을 요구할 권리를 갖고 있었으나, 다른 한편으로 그들은 관습에 묶여 있었으며 자신들의 신민을 책임지면서 최소한의 생활수준을 보장할 의무를 지니고 있었다. 그러나 19세기 자본주의에서는 노동자들에 대한 착취는 더 이상 어떤 개인이 책임을 져야 하는 것으로 여겨지지 않게 되었다. 어떤 사람이 최소한의 임금을 받고 일하도록 운명 지워져 있다면 그것은 어떤 개인의 의향이나 탐욕으로 인한 것이라기보다는 시장의 법칙에 의한 것이 되었다. 어느 누구도 이에 대해서 책임을 지거나 죄의식을 느끼지 않게 되었다.

19세기 자본주의에서 사람들은 자신의 경쟁자들을 능가하려는 욕망에 따라 행동하게 되었는데, 이것은 봉건시대에서는 볼 수 없는 현상이었다. 봉건시대에 사람들은 자신의 신분적 지위에 만족해야만 했다. 이에 대해서 19세기 자본주의를 살아가는 사람들에게, 인생에서 중요한 것은 경쟁에서 승리하는 것이 되었다. 이렇게 만인이 성공을 목표로 투쟁하는 와중에서 인간적 유대를 위한 사회적·도덕적 법칙은 파괴되었다.

● 저축적이고 권위주의적 성격의 지배

프롬은 이렇게 19세기 자본주의가 갖는 특성을 분석한 후에, 그것이 형성한 사회적 성격을 분석한다. 19세기 자본주의에서 사람들은 저축적인 성격을 가지고 있었다. 이러한 성격은 다른 모든 성격과 마찬가지로 긍정적 측면과 부정적 측면을 지니고 있다. 저축적 성향의 긍정적 측면은 현실적이고 경제적이며, 주의 깊고 내성적이며, 용의주도하고 강인하며, 침착하고 질서정연하며, 조직적이고 충성스럽다는 점이다. 이에 대응하는 부정적 측면은 창조적이지 못하고 인색하며, 의심 많고 냉담하고, 불안해하고 완고하며, 게으르고 현학적이며, 강박관념에 차 있고 소유욕이 강하다는 점을 들 수 있다.

이러한 저축적 성향은 18세기와 19세기에는 경제적 진보의 필요성에 부합되었다. 이 시대는 주로 소비보다는 생산과 축적이 경제발전을 위해서 요청되던 시대였으며 이에 따라서 저축열과 소유열이 조장되었다. 그러나 이러한 저축열과 소유열은 20세기에 와서는 진보적인 성향이 가장 적었던 계급인 하층중산계급의 특성이 되었다. 저축적 성향이 사회적 발전과정과 일치하던 18세기와 19세기에는 그러한 성향에 긍정적인 특성이 우세했지만, 저축적 성향이 시대에 뒤떨어진 하층중산계급의 특징이 된 20세기에는 부정적 특성이 거의 전적인 것이 되었다. 바로 이러한 사실에서 프롬은 1930년대에 하층중산계급의 지지를 바탕으로 하여 유럽에서 파시즘이 득세하게 된 원인을 찾고 있다.

19세기의 사회적 성격은 다른 한편으로 권위주의적인 것이었다. 그 사회는 본질적으로 위계적인 성격을 가졌으며, 그러한 위계는 자본의 소유 여부에 의해서 정해졌다. 자본을 소유하고 있는 사람은 자본을 갖지 못한 사람의 노동을 사들여 자기 마음대로 쓸 수 있었으며, 자본을 갖지 못한 사람은 일자리를 얻지 못하면 굶어 죽을 수밖에 없었기 때문에 자본가에게 복종하지 않을 수 없었다.

그러나 다른 한편 이러한 비합리적 권위와 아울러 합리적 권위가 발전했다. 사람들은 독자적인 신념을 갖게 된 것을 자랑스럽게 느꼈으며 그러한 신념을 갖도록 도와준 과학자, 철학자, 역사가들의 권위를 존중했다. 진실과 허위, 옳고 그름의 판단이 무엇보다도 중요했으며 사람들은 자기 자신을 이성의 법칙에만 복종하고 자기의 결정에 따르는 개인이라고 생각했다.

19세기에 나타난 부정적인 현상들을 살펴본다면 그것들은 그 당시의 사회적 성격과 밀접한 관련을 갖고 있었다는 사실이 드러난다. 착취적·저축적 성격으로 인해서 사람들은 인간의 존엄성을 무시하고 아프리카와 아시아의 노동계급뿐 아니라 유럽의 노동계급도 무자비하게 착취했다. 비합리적 권위가 지배함으로써 성과 신체, 동작, 의복, 건축양식 등 모든 영역에서 자유로운 표현이 억압되었다. 그리고 이러한 억압은 프로이트가 고찰했듯이 온갖 형태의 신경증적 질병들을 초래했다.

● 19세기 해방운동의 목표와 20세기의 문제점

사회주의와 자유주의 그리고 정신분석학과 같이 19세기에 나타난 변혁운동들은 이러한 부정적인 현상들을 극복하는 것을 과제로 삼았다. 무정부주의에서 마르크스주의에 이르는 모든 형태의 사회주의는 착취를 폐지하고 노동자를 독립적이고 자유로운 인간으로 해방할 것을 주장했다. 그리고 만약 노동자가 해방된다면 생산력의 발전을 비롯해서 19세기가 이룩한 모든 긍정적 업적들이 완성되고 모든 악은 사라질 것이라고 낙관했다. 자유주의자들은 비합리적 권위로부터의 온전한 해방이 새로운 황금시대를 가져다줄 것으로 믿었다. 프로이트 역시 성적인 억압이 줄어들면 신경증을 비롯한 모든 형태의 정신질환이 줄어들 것이라고 믿었다.

20세기에 들어서면서 19세기의 개혁가들이 내세운 주요한 요구들은 성취되었다. 서구선진국들을 기준으로 할 경우, 대중에 대한 경제적 착취는 마르크스가 살던 시대에는 상상도 할 수 없을 정도로 사라졌고 노동자들의 인간적·사회적 지위가 크게 향상되었다. 비합리적 권위에 대한 복종만 하더라도 적어도 부모와 자식 간의 관계만 보면 보기 드문 것이 되었다. 자식들은 이제 부모를 두려워하지 않으며 부모를 친구처럼 여기게 되었다. 또한 성적인 억압도 현저하게 줄어들었다. 1차 대전 후, 성의 혁명이 일어나 오랜 금기와 억압은 사라졌고, 성적 욕구를 억압해야 한다는 생각은 시대에 뒤떨어지거나 불건강한 것으로 여겨지게 되었다.

따라서 19세기의 기준에서 볼 때, 보다 건전한 사회에 필요한 것으로 생각되는 거의 모든 것이 성취되었으며, 여전히 19세기의 관점에서 생각하는 많은 사람은 계속해서 진보가 이루어지고 있다고 확신한다. 그러나 프롬은 20세기에 이룩된 물질적인 번영과 정치적·성적 자유의 증대에도 불구하고 20세기의 세계는 19세기보다도 훨씬 더 병들어 있다고 말한다. 이와 함께 프롬은 '우리는 이제 노예가 될 위험에 처해 있지는 않지만 로봇과 같은 자동기계가 될 위험에 처해 있다'는 스티븐슨의 말을 인용한다. 우리를 억압하는 공공연한 권위는 사라졌어도 우리가 순응해야 하는 익명의 권위가 지배하고 있다. 아울러 우리는 우리 자신에 대해 확신을 갖지 못하고 있으며 개성도 자아의식도 갖지 못하고 있다. 20세기 이후의 현대사회는 19세기와는 다른 병적인 증상들을 갖고 있다.

3
20세기 자본주의와 사회적 성격

● 사회적 변화

(1) 기술의 급속한 발전과 기술숭배의 대두

19세기에서 20세기에 걸쳐서 나타나는 가장 뚜렷한 변화는 기술의 발전에 있다. 대부분의 수동 작업은 기계에 의해서 대체되었다. 1850년에는 작업을 위한 에너지의 15퍼센트를 인간이 제공했고 동물은 79퍼센트, 기계는 6퍼센트를 제공했지만 1960년에는 이 비율이 각각 3퍼센트, 1퍼센트, 그리고 96퍼센트가 되었다.

이러한 기술발전의 특징은 동물이나 인간의 육체적인 에너지를 공기, 석유, 전기 및 원자 에너지와 같은 기계적인 에너지로 대체했다는 데에 있다. 그런데 현재 새로운 기술혁명이 일어나고 있는바, 인간의 사고思考마저도 기계의 사고에 의해서 대체되고 있다. 사이버네틱스(인공지능)와 오토메이션(자동화)에 의해서 인간의 두뇌보다도 훨씬 더 정확하고 빠르게 움직이는 기계가 만들어짐으로써 기술과 조직 면에서 중요한 문제들을 해결할 수 있게 되었다. 이와 함께 사람들은 인간을 믿는 것이 아니라 자신이 만든 기계와 컴퓨터를 신봉하게 되었다.

예를 들어 기업들은 컴퓨터의 힘을 빌려 앞날의 계획을 수립하게 된다. 경영자는 이제는 자기 자신의 주체적인 판단에 의지할 필요가 없게 되었으며 컴퓨터가 알려주는 '진리'에 의지하게 된다. 물론 경영자는 컴퓨터가 예언한 결과를 받아들이거나 거부하는 것은 자신의 자유라고 생각한다. 그러나 실제로는 마치 경건한 그리스도교 신자가 하느님의 뜻을 거슬러서 행동할 수 없는 것처럼 그에게 자유는 없다. 컴퓨터의 능력에 대해서 사람들은 맹목적인 신앙을 갖고 있으며 심지어 일생을 함께할 사람을 구할 때에도 컴퓨터에 의존한다.

이러한 기술숭배는 인간에 대한 불신과 결합되어 있다. 사람들은 컴퓨터는 인간처럼 불합리한 기분이나 감정에 의해서 좌우되지 않기 때문에 객관적으로 판단을 내린다고 믿는다. 그러나 프롬은 컴퓨터를 비롯한 기술에 대한 숭배는, 첫째로 여러 가지 사실들이 인간의 해석과 무관하게 객관적으로 주어지며 둘째로 컴퓨터가 제시하는 결론은 가치나 규범과는 아무런 관계도 없다는 잘못된 가정에 입각하고 있다고 말하고 있다.

(2) 자본집중과 대기업의 경제지배

이러한 기술적 변화는 자본의 집중에 의해서 야기된 것이지만 그것은 다시 역으로 자본의 집중을 심화시켰다. 이 결과 미국기업의 부富 가운데 절반 정도가 200개 대기업의 지배 아래 있게 되었다. 이러한 대기업들과 거래하는 중소기업들도 이들의 지배를 받고 있다고 볼 수 있기 때문에, 우리는 미국산업의 절반을 훨씬 넘는 기업들이 이들 대기업체의 지배를 받고 있다고 추측할 수 있을 것이다. 이러한 자본집중의 결과 1억 2500만 미국 인구 중에서 불과 2만 2000여 기업인들이 미국산업의 절반을 지배하게 되었다.

고용 면에서 볼 때도 미국 내 기업 전체의 기껏 1퍼센트밖에 되지 않는 2만 7000개의 대기업이 산업에 종사하는 전체 인구의 50퍼센트 이상을 고용하고 있는 반면에, 150만 개의 자영업체들농가 제외은 산업인구의 6퍼센트를 고용하고 있을 뿐이다. 이와 함께 경영자, 전문직 봉급생활자, 판매업자, 사무원들 등의 신중산층의 수는 크게 증대되었다.

(3) 소비사회

19세기에는 생산과 저축이 중시되었던 반면에, 20세기에는 활발한 소비가 경제 체제의 원활한 기능을 위해서 장려되었다. 19세기에 사람들은 절약하면서 대금을 당장 지불하지 못할 물품은 쓰지 않는 것이 일반적 경향이었지만, 20세기에 들어오면 이러한 경향은 완전히 사라지게 된다. 누구나 능력이 미치는 한 많이 사도록 강요당하고, 물건값을 마련하기도 전에 미리 물건부터 들여놓도록 유혹 받는다. 대량소비에 대한 욕구는 광고와 그 외의 모든 심리적 압박에 의해서 강하게 자극 받는다. 이러한 현상은 노동계급의 경제적·사회적 지위가 향상되는 것과 함께 동시에 나타나게 되었다. 노동자의 봉급이 늘고 사회복지의 혜택이 일반화되면서 노동자들도 100년 전에는 꿈같은 소리라고 말할 수 있을 정도의 소비를 할 수 있게 되었다.

(4) 거대조직사회

　20세기의 인간은 거대한 조직체의 부속품이 되었다. 사람들은 거대조직체의 한 기능인자가 되어 전문가들이 고안해 낸 방법에 따라서 너무 빠르지도 않고 너무 느리지도 않게 일한다. 조직이라는 사다리의 꼭대기에 있는 사람이나 바닥에 있는 사람이나, 머리가 좋은 사람이나 우둔한 사람이나, 교육을 많이 받은 사람이나 별로 받지 않은 사람이나, 모두 같은 신문을 읽고, 같은 방송을 듣고 영화를 본다.

　사람들은 일제히 보조를 맞추어 생산하고 소비하고 함께 즐긴다. 이와 동시에 20세기에 적합한 사회적 성격은 '거대한 집단에서 유연히 잘 협동할 수 있고 더욱더 많이 소비하기를 원하며 취미가 표준화되어 쉽게 영향을 받고 그 사람의 행동이 용이하게 예측될 수 있는' 성격이다. 20세기가 필요토 하는 인간은 어떠한 강제적 압력이나 지도자 없이도 언제든지 명령에 잘 따르려 하고 기대된 일은 불평 없이 해내고 사회에 잘 적응하는 인간인 것이다.

　이런 맥락에서 프롬은 새로운 유령이 우리의 주위를 활개치고 다니고 있다고 말하고 있다. 다만 그것은 공산주의나 파시즘이라는 과거의 유령이 아니라 새로운 유령이다. 그것은 완전히 기계화되고 생산과 소비를 최대로 늘리려고 하면서 컴퓨터에 의해 지시되는 사회이다. 프롬은 이러한 새로운 사회가 승리하게 되면 사람들은 자신이 자유롭다고 생각하지만 사실은 알게 모르게 조종당하면서 획일화될 것이라고 생각한다. 이러한 사회에서는 사람들의 생각이나 감정을 조작하기 위해서 심리학적인 암시나 환상을 유발하는 약품 등이 사용될 것이다. 이러한 사회에서는 사람을 이끄는 매력을 갖는 자들이 최신의 커뮤니케이션 기술을 교묘히 이용하고 사람들의 생각과 감정을 조작하면서 조직되지 못한 대중의 지지를 쉽게 얻게 될 것이다.

현대인들은 자신이 자유롭게 생각하고 행동한다고 생각하면서 현대사회는 철저한 개인주의 사회가 되고 있다고 믿지만, 현대사회는 사실은 위로부터의 조작이 더욱 교묘하게 행해지는 사회가 되고 있다. 그러나 관리자로서의 엘리트 역시 자신들의 명령에 따라서 움직이는 사람들과 마찬가지로 기계의 부속품이 되어 있다. 그들은 자신들이 관리하고 있는 공장의 노동자들과 마찬가지로 아니 아마도 이들 이상으로 소외당하고 있으며 불안을 느끼고 있다. 그들은 다른 모든 사람들과 똑같이 일에 싫증을 느끼면서, 다른 사람들이 시도하는 것과 동일한 방법으로 삶에 대한 염증과 권태감을 해소하려고 한다. 옛날의 엘리트는 문화를 창조하는 집단이었지만 오늘날의 엘리트는 대중들과 마찬가지로 획일화되어 있다.

● 성격적 변화

현대산업사회에서 사람들은 자연을 기술적으로 지배함으로써 자신의 안전과 행복을 구하려고 한다. 이 경우 행복은 육체적인 안전과 감각적인 쾌락과 동일시된다. 이러한 육체적인 안전과 감각적인 쾌락에 대한 집착으로 인해서 현대인들은 서로 고립되고 개인주의적이 되며 다른 인간과 사물들과 깊은 관계를 맺을 수 없게 된다. 모든 사물과 인간은 자신의 안전을 보장해 주고 자신에게 쾌락을 제공하는 대상으로 간주될 뿐이다.

이런 의미에서 프롬은 현대기술문명을 근저에서 지배하는 정신을 네크로필리아(Necrophilia: 죽은 것에 대한 사랑)라고 규정한다. 프롬은 원래 부패하고 썩은 것이나 시체를 좋아하는 병적인 성향을 의미하는 네크로필리아라는 용어를 '인공물을 포함하여 살아 있지 않은 것을 살아 있는 것보다 더 선호하는 정신 성향'을 가리키는 넓은 의미로 사용한다. 그것은 2차 대전에서 볼 수 있는 것처럼 이데올로기의 이름으로 거리낌 없이 살육을 일삼는 태도뿐 아니라 현대인들에게서 볼 수 있는 것처럼 살아 있는 인간이나 생명보다는 편리하고 신기한 소비 물자를 더 선호하는 태도를 가리킨다.

프롬은 현대산업사회에서 네크로필리아의 정신은 모든 것을 자신의 지배 아래 두기 위해서 계산의 대상으로 전락시키는 의지로 나타나고 있다고 보고 있다. 이러한 의지는 존재하는 모든 것으로부터 독자적인 생명을 앗아가면서 처리가능한 죽은 부품으로 만드는 의지이다. 프롬은 이러한 네크로필리아적인 정신이 구체적으로 어떠한 사회적 성격으로 구현되고 있는지를 분석하고 있다.

(1) 계산적 성격

사람들은 현대의 풍요로운 산업문명에서 지배하는 것은 모든 것으로부터 독자적인 생명을 앗아가려는 네크로필리아적인 정신이라고 프롬이 주장할 때 이렇게 이의를 제기할지도 모른다. "우리가 백화점 등에 갔을 때 우리를 맞이하는 것은 오히려 웃음 띤 얼굴이 아닌가? 현대의 산업사회에서는 인간 상호 간의 관용과 친절이 지배하고 있는 것은 아닐까?"

그러나 프롬은 이러한 상호 간의 관용과 친절의 이면 밑에는 서로에 대한 냉정한 계산이 작용하고 있다고 본다. 더 나아가 프롬은 풍요로운 산업문명이 길러내는 인간은 파괴의 정열조차도 결여하고 있는 자동인형과 같은 수동적인 인간이라고 본다. 프롬은 히틀러나 나치들 그리고 스탈린 체제의 비밀 경찰관이나 강제 수용소의 간수나 처형대원들이 보이고 있는 파괴의 정열은 '구식舊式의' 순진한 것이 아닐까라고 자문한다. 프롬은 20세기 후반을 지배하는 네크로필리아의 정신을 표면적으로는 미소와 친절을 가장하면서 오히려 모든 것을 상품화하고 물화物化하는 보다 세련되고 섬세한 네크로필리아라고 보는 것이다.

풍요로운 산업사회에서 사람들은 살아 있는 인간과 생명체 그리고 자연보다는 기계와 같은 인공물에 더욱 끌리고 있다. 이러한 경향을 보여주는 많은 실례 중의 하나로 프롬은 오늘날 많은 남성들이 아내보다도 자신의 자동차에 보다 큰 애정과 관심을 갖고 있다는 사실을 들고 있다.

아울러 현대의 기업들은 수백만 달러의 돈뿐만 아니라 수백만에 달하는 고객, 수천 명의 주주와 수천 명의 노동자나 고용원들을 거대한 기계적인 조직의 부품으로 간주하면서 측정하고 통제한다. 이를 통해서 각 개인은 추상적인 기호나 숫자로 표시되며 이를 바탕으로 하여 경제현상이 예측되고 결정이 내려진다. 우리가 사고파는 모든 것이 화폐로 교환되며 노동 역시 화폐로 환산된다. 질적으로 상이한 것은 다만 양적으로 상이한 것이 되는 것이다.

실로 수량화와 추상화를 통하지 않고서는 현대의 대량생산은 불가능하다. 그러나 경제활동이 인간의 가장 중요한 관심사가 되어버림으로써 이러한 수량화와 추상화의 과정은 경제적 생산의 영역을 초월하여 다른 사람들과 사물들 그리고 자기 자신에 대한 인간의 태도에까지 미치고 있다. 어떤 사물이 갖는 화폐가치가 가장 중요한 것으로 간주되면서 그러한 사물이 갖는 구체적인 유용성이나 아름다움은 부차적인 것으로 간주된다. 아무리 아름다운 꽃이라도 야생으로 자라나 핀 것이면 그 꽃은 교환가치를 갖고 있지 않다는 이유로 사람들은 아름답게 느끼지 않게 된다. 자신이 살고 있는 집이나 자신이 타고 있는 자동차에 대해서도 사람들은 애착을 느끼지 못하고 그것들이 갖는 화폐가치에 더 관심을 가게 되며, 좋은 거래조건이 주어지면 언제라도 교환할 수 있는 상품들로 간주한다. 따라서 자동차는 전혀 문제없이 사용될 수 있음에도 불구하고 산 지 1, 2년 후에 팔린다.

프롬은 사람들이 자신이 관계하는 것들이 갖는 가치를 그것들이 시장에서 갖는 화폐가치와 동일시하는 이러한 추상화는 시장에서 판매되는 상품이 아닌 홍수피해와 같은 현상들에까지도 미치고 있다고 말하고 있다. 즉 신문은 인간이 당하는 고통의 구체적인 측면보다 추상적인 양의 요소를 강조하면서 '100만 달러의 홍수'라는 식의 제목을 붙인다.

이러한 추상화와 수량화 과정은 사람들의 윤리적 태도까지도 규정하는 것이 되었다. 19세기를 지배한 비합리적 권위는 무력해졌으나 그것은 합리적 권위에 의해서가 아니라 계산적인 합리성에 의해서 대체되었다. 시장과 계약이 인간관계를 철저하게 규정하게 됨으로써 무엇이 옳고 무엇이 그르며 무엇이 선이고 무엇이 악인가를 알 필요가 없게 되었다. 사람들은 교환과 계약의 공정성을 선 자체라고 생각하게 되었다.

⑵ 정신분열적 성격

현대산업사회의 인간은 지능적인 인간이다. 주위와 자신에 대해서 그는 항상 지적知的으로 접근한다. 그는 어떤 물건이 어떻게 기능하고 어떻게 만들어지고 조작되는가를 알고 싶어 한다. 이러한 성향은 결코 과학적인 일에 종사하는 사람들에게만 국한되는 것은 아니다. 사무원, 세일즈맨, 기술자, 의사, 경영자, 그리고 지식인들과 예술가들 대다수가 이 세계는 인간이 이용하기 위해서 지적으로 그 구조를 파악하지 않으면 안 되는 물건들을 모아 놓은 것이라고 생각하면서 그것에 접근한다.

현대의 기술문명에서 모든 것은 고유한 생명을 갖는 것으로서 간주되지 않고 하나의 기계부품으로 간주될 뿐이다. 따라서 현대전에서 사람들은 자신이 누르는 단추 하나로 수천 명, 때로는 10만 명 이상의 인간이 살해되고 불구가 될 것이라는 사실에 대해서 어떠한 양심의 가책도 느끼지 못한다. 사람들은 지적으로 알고는 있지만 감정적으로는 알지 못한다. 이런 의미에서 프롬은 현대인들을 규정하는 네크로필리아적인 정신은 정신분열적인 것이라고 보고 있다. 현대인들은 지성적으로는 뛰어날지 모르지간 그러한 지성은 감정과 분리되어 있다. 그리고 이렇게 감정과 분리된 지성은 따뜻한 생명을 모르는 냉혹한 정신이다.

정신분열증에 빠진 사람들이라도 사회를 기계처럼 잘 운영할 수는 있다. 다만 그러한 사람들은 어떤 것을 마음으로 느끼는 능력은 완전히 상실했다. 완전한 발달을 이룬 인간은 장미와 같은 것을 보고 그것이 자기를 따뜻하게 해준다든가 불과 같다고까지 체험할 수 있다. 물론 그는 장미가 물리적 현실의 영역에서는 불처럼 자신을 따뜻하게 해 주지 않는다는 사실을 잘 알고 있다. 그러나 현대인은 세계를 지적으로만 체험한다. 프롬은 이러한 현대인들의 결함은 정신병자의 결함 못지않게 심각한 것이라고 생각한다. 정신병자는 세계를 '객관적으로' 체험할 수는 없지만 주관적이며 상징적인 체험을 할 수 있는 능력은 갖고 있기 때문이다.

아울러 감정을 결여한 채 지능만 발달한 인간은 사회 구성원의 성장이나 사회가 지향해야 할 이상적인 목적을 생각할 수가 없다. 이러한 목적들을 생각하고 추구하기 위해서는 단순한 지성 이상의 이성理性이 요구된다. 이성은 두뇌brain와 마음heart이 결합되었을 때, 다시 말해서 감정과 사고가 통합되고 양자가 모두 합리적일 때에 비로소 생긴다.

물론 현대인에게 감정이 없는 것은 아니다. 다만 그것은 지성이 감정과 분리되어 있는 것처럼 지성과 분리되어 있고 이를 통해서 그것은 승화되지 못한 야만적인 감정으로 나타나고 있다. 기술문명의 주지주의적인 경향은 감정이 야만적이고 조야한 형태로 방치되는 사태와 공존하는 것이다. 감정은 지성에 의해서 순화되고 정화되는 것이 아니라 야생 그대로다. 그것은 다른 사람들을 이기고 다른 사람들보다 자신이 뛰어나다는 것을 과시하고 싶은 욕구로 나타나며 파괴적인 열정, 섹스, 스피드, 소음騷音에 대한 흥분으로 나타난다.

⑶ 만성적 권태의 지배와 단순하고 수동적이며 파괴적인 체험에 대한 추구

이러한 맥락에서 프롬은 현대인에게 영향을 미치는 많은 문화적인 산물들이 단순하고 파괴적인 성격을 띠고 있다는 데

에 주목한다. 프롬은 우리 인간이 삶을 유지하기 위해서는 휴식과 아울러 최소한의 흥분과 자극을 필요로 한다고 말하고 있다. 사람들은 자신을 흥분시키는 자극에 반응할 뿐 아니라 그것을 필요로 한다는 것이다. 따라서 사람들은 열심히 자신을 흥분시킬 자극을 구하며, 이러한 자극들은 사고, 살인, 화재, 전쟁, 섹스, 사랑과 창조적인 활동 등 다양한 형태로 나타난다.

그런데 프롬은 흥분을 일으키는 자극들이 인간을 생산적이고 창조적으로 만드는지 아닌지에 따라서 크게 둘로 나누어진다고 생각한다. 예를 들어 그리스의 연극은 분명히 로마 콜로세움의 잔인한 구경거리와 마찬가지로 사람들의 흥분을 일으키는 자극이었지만, 양자는 본질적으로 다른 종류의 자극이다. 프롬은 로마의 잔인한 구경거리처럼 사람들을 충동적으로 흥분시키는 단순한 자극과 그리스의 연극처럼 사람들을 능동적이고 창조적으로 만드는 자극이 있다고 본다. 이렇게 사람들을 능동적으로 만드는 자극은 소설일 수도 있고, 시, 사상, 풍경, 음악, 혹은 자기가 사랑하는 사람일 수도 있다. 이러한 자극들은 단순한 반응을 낳지는 않는다. 그것들은 우리 자신으로 하여금 그것들에 능동적으로 관심을 갖고 그것들 안에서 항상 새로운 모습을 발견하도록 하며 그것들에 공감을 갖고 그것들과 결합하도록 촉구한다.

프롬에 의하면 이러한 두 종류의 자극에는 중대한 차이가 있다. 처음의 단순한 종류의 자극은 조금만 되풀이되면 더 이상 우리를 자극하지 않는다. 그것이 끊임없이 자극을 주기 위해서는 자극의 강도를 높이든지 그렇지 않으면 내용을 바꿔야만 한다. 그것은 어느 정도 새로운 요소를 필요로 하는 것이다. 이에 대해서 능동성을 주는 자극은 언제나 '같은 것'이 아니다. 그것들은 우리의 생산적인 반응을 요구하고 촉발하면서 그 자체로 항상 새롭게 변하고 있다. 자극을 받은 사람은 자극에 활기를 주고 그것 안에서 항상 새로운 모습을 찾아냄으로써 그것을 변화시킨다. 자극과 '자극을 받는 자' 사이에 존재하는 것은 상호관계이며 기계적인 자극-반응이론에서 보는 것처럼 일방적인 관계는 아니다.

프롬은 두 종류의 자극이 갖는 차이를 예를 들어서 분명히 하고 있다.

이 차이는 어느 누구의 경험에 의해서도 쉽게 확인된다. 나는 그리스의 연극, 괴테의 시, 카프카의 소설, 마이스터 에크하르트의 설교, 파라셀수스의 논문, 소크라테스 이전의 철학자들의 단편, 혹은 스피노자나 마르크스의 저작을 싫증 없이 읽을 수가 있다. … 이러한 자극들은 항상 살아 있다. 이것들은 독자를 눈뜨게 하며, 그의 의식을 증대시킨다. 한편 삼류 소설은 두 번째로 읽으면 지루해져서 졸음이 오게 된다. _『건전한 사회』

프롬은 현대인이 능동적이고 창조적으로 만드는 자극에 생산적으로 반응할 수 있는 능력을 상실하고 있으며 그 결과 만성적인 권태에 빠져 있다고 생각한다. 그 결과 사람들은 끊임없이 변하는 '깊이가 없는' 자극을 찾고 있다. 현대산업사회에서 사람들의 삶은 거의 완전하게 단순한 자극에 의하여 움직이고 있다. 현대인들은 신문, 라디오, 텔레비전이 끊임없이 내보내는 범죄, 사망 사고, 그 밖의 잔혹한 장면이나 보도에 저항하기보다는 오히려 열렬하게 반응한다.

폭력과 파괴적인 보도나 장면이 흡인력을 갖는 것은 그러한 것들이 내면적 능동성을 갖지 않더라도 흥분을 유발시키는 가장 빠른 방법이기 때문이다. 노여움, 격노, 잔혹함, 파괴에의 정열을 불러일으키는 자극에 흥분하는 편이, 사랑이나 생산적이고 능동적 관심을 불러일으키는 자극에 흥분하는 것보다 훨씬 더 쉽다. 첫 번째 종류의 흥분은 사람들이 노력할 필요가 없다. 인내도, 연습도 필요 없으며 배우는 것이나 집중하는 것도, 욕구 불만을 참는 것도, 비판적 사고를 훈련하는 것도, 자기중심주의나 탐욕을 극복하는 것도 필요하지는 않다. 언론 역시 이러한 사실을 잘 알고 있기 때문에 그러한 잔혹한 보도나 장면을 앞을 다투어 방송하게 된다. 그러한 자극들은 성욕이나 탐욕 혹은 사디즘과 같은 직접적이고 수동적인 반응을 유발한다. 이러한 자극-반응의 메커니즘은 지극히 단조로워서 쉽게 사람들을 권태에 빠지게 하기 때문에, 자극은 효과를 잃지 않도록 끊임없이 바뀌어야만 한다.

프롬은 이렇게 파괴적인 자극에 열렬하게 반응하는 사람들은 사실은 그의 깊은 내면에서 권태에 사로잡혀 있다고 말하고 있다. 생산적이고 창조적인 인간은 적당한 자극을 찾아내는 데 아무런 어려움도 없기 때문에 결코 권태에 빠지는 일이 없지만, 비생산적이며 수동적인 인간은 그가 의식하고 있는 권태가 해소되는 순간에도 실은 깊은 곳에서 권태를 느낀다. 이는 권태가 표면적으로는 해소되었다고 하더라도, 인간 전체, 특히 그의 뿌리 깊은 감정과 상상력 그리고 이성, 그의 모든 본질적 능력과 정신적 가능성은 여전히 생기를 회복하지 못하기 때문이다. 그는 자신의 깊은 차원에서는 여전히 '공복감'을 느끼며 지겹기 그지없는 권태에 사로잡혀 있는 것이다. 그는 이러한 불쾌한 감정을 일시적인 흥분, '스릴', '즐거움', '술', 혹은 '섹스'를 통해서 일시적으로 '마비'시킨다. 그러나 이 경우 권태를 해소하는 수단은 부피는 크지만 영양가를 결여한 음식물과 유사하다.

프롬은 미국에서 유행한 부부교환섹스나 그룹섹스도 이렇게 현대인들의 내면을 깊은 곳까지 사로잡고 있는 권태에서 해방되려는 몸부림으로 해석하고 있다. 또한 그는 현대인들의 부지런함과 분주함 역시 권태에서 벗어나려는 도피적인 행위로 본다. 대부분의 사람들은 아무것도 하지 않고 있을 경우에는 권태가 몰려올 것이기 때문에 아무것도 하지 않고 있는 상태를 견딜 수 없어 한다. 따라서 그들은 여가leisure조차 다른 형태의 분주한 일로 바꾸고 만다.

심각한 권태에 사로잡혀 있는 사람들은 모든 사물이나 사람들에 대해서 냉담하다. 그들은 감정적으로 얼어붙어 있어서 기쁨도 슬픔도 고통도 느끼지 못한다. 이들은 인생에 아무런 욕망도 갖지 못하며 살아 있는 것보다는 죽는 편이 더 낫다고 생각한다. 아니면 사람들은 자신이 살아 있다는 것을 확인하고 싶어서 살인이나 전쟁에 호소할 수 있다. 이러한 살인이나 전쟁은 증오심이 아니라 참기 어려운 권태감과 무력감에서 벗어나려고 하는 욕구에서 비롯된다.

(4) 자폐적 성격

프롬은 현대인들의 성격이 자폐적이라고 생각한다. 현대인들은 다른 사람과의 따뜻한 결합을 추구하지도 않고 혼자 있고 싶어 하며, 언어를 다른 인간들과의 의사소통을 위해서보다는 다른 인간이나 사물들을 이용하고 조작하기 위해서 사용하고, 살아 있는 것과의 교감보다도 기계적인 것에 더 많은 애착을 갖는 점에서 자폐적인 증세를 보인다는 것이다.

⑸ 쾌락주의적 성격

프롬은 현대의 모든 경제학은 그것이 영미식 경제학이든 유럽대륙식 경제학이든 인간을 쾌락을 좇는 존재로 파악하고 있다는 사실을 지적한다. 이는 현대인이 쾌락주의적인 성격을 갖는다는 사실을 반영한다. 쾌락주의적 인간이란 쾌락과 고통을 재빨리 계산하는 기계와 같은 인간이다. 이러한 인간은 자신의 행복은 외부의 물질과 자극에 있다고 생각하는 인간이다. 따라서 그는 주체적으로 생을 영위한다고 볼 수 없으며 자신이 통제하지 못하는 환경의 변화에 예속되어 있다.

4

현대사회의 절망적 현실

네크로필리아의 정신이 지배하는 현대의 산업사회의 현실을 프롬은 이렇게 규정하고 있다.

생명의 세계는 '비非생명'의 세계가 되어 버렸다. 사람들은 '비인간'이 되었고 세계는 죽음의 세계가 되었다. 이러한 죽음의 상징은 지금에 와서는 청결하고 번쩍거리는 기계이다. 사람들은 냄새가 나는 변소에는 마음이 끌리지 않고, 알루미늄이나 유리의 구조물에 마음이 끌리고 있다. _『인간의 파괴성에 대한 해부』

더럽고 부패해 있으며 악취가 나는 것이나 죽은 것에 대한 사랑을 의미하는 원래의 네크로필리아는 현대에서는 번쩍거릴 정도로 깨끗하고 많은 경우에 에로틱한 아름다움마저 갖추고 있는 인공물에 대한 사랑으로 나타나고 있다는 것이다. 이러한 인공물에 대한 사랑의 본질과 그 귀결에 대해서 프롬은 이렇게 말하고 있다.

그러나 이 방부처리를 마친 표면의 뒤에 있는 현실이 점점 분명해져 가고 있다. 인간은 진보라는 이름 아래 세계를 악취 나는 유독한 장소로 변모시키고 있는 것이다[나아가 이것은 단순히 상징적인 의미에서 하는 말이 아니다]. 인간은 공기, 물, 흙, 동물, 그리고 자기 자신을 오염시키고 있다. 이러한 방법이 너무나도 대규모

적이므로, 앞으로 100년도 지나가기 전에 지구에 전과 같이 사람들이 살 수 있을지가 의심스럽게 되었다. 사람들은 이러한 사실을 잘 알고 있지만, 많은 사람들의 항의에도 불구하고 책임 있는 지위에 있는 사람들은 기술적 '진보'를 계속해서 추구하고 있으며 우상숭배를 위해 모든 생명을 희생하려고 한다. _『인간의 파괴성에 대한 해부』

우리의 사회체제는 병들어 있으며 이러한 사회체제는 병든 성격을 낳고 병든 성격은 다시 병든 사회를 낳는 악순환을 심화시키고 있다.

사람들은 50년 전보다 물량도 많아지고 그 질도 뛰어난 기계를 갖게 된 것을 근거로 하여 사회가 진보했다고 생각하고, 직접적인 정치적 압박이 없다는 사실에 근거하여 개인적 자유가 쟁취되었다고 생각한다. 그러나 인간이 만든 기계는 너무나 강력한 것이 되어 인간 자신의 사고마저도 결정짓고 있다. 이러한 사회에서 인간은 기계의 일부가 되고 먹을 것과 오락이 충분히 제공되는데도 피동적이 되며 생명을 잃고 감정마저 고갈되어 간다. 인간은 물질적 가치에 몰두함으로써 정서적 체험과 그에 수반하는 즐거움과 슬픔을 느끼는 능력을 잃고 말았다.

이런 의미에서 프롬은 우리의 사회에는 사실은 절망이 지배하고 있다고 본다. 사람들은 서로 필사적으로 '어울리려고' 하지만 그때조차 서로 소원함을 느낀다. 도시의 물이나 공기가 끊임없이 독성을 더해 가고 있고, 가난한 나라의 사람들이 기아로 굶주리고 있으며, 지구를 몇 번이고 파괴할 대량파괴무기가 계속해서 만들어지고 있는데도 우리는 그러한 사태들을 극복하려는 진지한 계획조차 세우지 못하고 있다.

3

인간은 어떤 존재인가
― 프롬의 규범적 인본주의

1

규범적 인본주의

우리는 앞에서 현대인과 현대사회에 대한 프롬의 진단을 살펴보았다. 그런데 현대인과 현대사회가 병들어 있다는 견해는 인간과 사회가 건전한지 병적인지를 평가할 수 있는 객관적인 척도가 존재한다는 입장을 전제한다. 프롬은 자신의 이러한 입장을 '규범적 인본주의'라고 부르고 있다.

규범적 인본주의에 대립되는 입장은 '사회학적 상대주의'이다. 사회학적 상대주의란 오늘날 대부분의 사회과학자들이 취하고 있는 입장으로서 각 사회는 각자의 고유한 규범과 척도를 갖고 있다는 입장이다. 이러한 입장에서는 인간의 정신구조는 사회나 문화가 멋대로 글을 써넣을 수 있는 백지와 같은 것이며 타고난 특성은 존재하지 않는 것으로 간주된다. 그리고 각 개인은 자신이 살고 있는 사회의 규범과 척도에 제대로 순응하는 한 정상이고, 그렇지 못할 경우에는 병적인 인간으로 평가된다. 프롬은 이러한 사회학적 상대주의는 사회에 대한 순응만을 정상적인 것으로 간주하고 사회에 대한 비판을 허용하지 않음으로써 사회발전에 해로운 결과를 미칠 것이라고 생각한다.

프롬은 개인 간에 존재하는 차이에도 불구하고 사람들은 공통된 신체구조뿐 아니라 공통된 심리적·정신적 특성을 갖고 있으며 공통된 가치와 목표를 지향한다고 보고 있다. 물론 인간의 보편성을 강조한다고 하여 프롬이 인류가 끊임없이 자신을 변화시켜 왔다는 사실을 부정하는 것은 아니다. 역사 속에서 인류는 자기를 둘러싸고 있는 세계를 변화시켜 왔듯이 자신을 변화시켜 왔다. 그럼에도 사람들은 적어도 동일한 인간인 한 모두 동일한 신체구조와 심리구조를 갖는 것이다. 역사가 전개되는 과정에서 인간이 할 수 있는 것은, 사람들이 이미 보편적으로 가지고 있는 잠재적인 욕구나 열망과 사람들이 보편적으로 지향하는 가치를 실현해 나가는 것이다.

물론 대부분의 사람들은 자신이 살고 있는 사회에서 높이 평가되는 욕구와 가치를 주로 실현하는 데 열중한다. 예를 들어 고대 그리스사회나 로마사회와 같은 전사戰士사회에서는 전투적인 용기가 가장 가치 있는 것으로 간주되었기 때문에 사람들은 그러한 가치를 실현하는 데 주력했다. 그러한 사회에서 사람들을 주로 지배한 욕망은 전투에서 승리함으로써 명성을 얻으려는 욕망이었다. 이에 반해 어떤 사회가 물질적 가치를 가장 중시하면서 그것을 실현한 정도에 따라 개개인의 지위와 가치를 평가하는 사회라면, 사람들은 그러한 가치의 실현에 주력할 것이며 사람들을 주로 지배하는 욕망은 재물에 대한 욕망이 될 것이다.

그러나 이러한 사회들은 그러한 욕구와 가치 자체를 만들어내지는 못하며 그것들이 할 수 있는 것은 인간에게 잠재되어 있는 다양한 욕구와 가치들 중 어떤 하나만을 지배적인 욕구와 가치로 만드는 것뿐이다. 사람들은 자신이 살고 있는 사회가 중시하는 욕구나 가치 이외에도 다른 욕구들과 가치들을 잠재적으로 항상 가지고 있는 것이다. 따라서 사람들은 그 사회가 강조하는 어떤 특정한 욕구는 충족시켰을지라도 다른 욕구들은 충족시키지 못함으로써 불행하다고 느낄 수도 있다.

이러한 규범적 인본주의의 입장은 다른 문제들에서와 마찬가지로 인간 존재의 문제에도 옳은 해결과 그릇된 해결이 있으며 만족스런 해결과 불만스런 해결이 있다고 본다. 이러한

전제에서 볼 때 정신건강의 기준은 개개인이 특정한 사회질
서에 어떻게 적응하느냐의 문제가 아니라 인간에 잠재된 욕
구들을 어떻게 제대로 실현하느냐가 문제이다. 그렇다면 모
든 인간에게 공통적으로 잠재되어 있는 욕구들은 무엇이며
그것들을 제대로 실현하는 방법은 무엇인가?

2
인간의 근본적 상황

● 동물과 인간의 본질적 차이

프롬은 인간이 공통적으로 갖는 욕구들과 그것들을 제대로
실현할 수 있는 방안이 무엇인지를 밝히기 위해서 우선 동물
과 인간을 비교하고 있다. 이렇게 동물과 인간을 비교함으로
써 프롬은 인간의 본질적 특성을 드러내며 이러한 특성 때문
에 인간이 처하게 되는 특수한 상황을 고찰한다. 이러한 특수
한 상황 때문에 인간은 다른 동물들에게서는 볼 수 없는 고유

한 욕망과 열정을 갖게 되며 이러한 고유한 욕망과 열정을 실현하는 방안을 주체적으로 강구하지 않으면 안 된다.

동물은 자연조건에 대응하는 능력을 자연 자체로부터 부여받는다. 동물에게서 보이는 그러한 능력을 우리는 본능이라고 부른다. 동물은 자연이 입력한 본능에 따라서 살아가면 된다는 의미에서 동물에게 삶은 어떤 의미에서는 '주어져 있다'고 말할 수 있다. 이에 대해서 인간에게는 자연에 대한 본능적 적응능력이 결여되어 있다. 인간에게는 추위를 막아 주는 털도 없으며 하늘을 날 수 있는 날개도 없고 두더지같이 땅을 파고 들어갈 수 있는 발톱도 없다. 이러한 사실을 고려해 볼 때, 인간은 육체적·생리적인 측면에서는 가장 연약한 존재이며 생존하기에 가장 불리한 존재이다.

동물에게 삶은 본능과 함께 자연에 의해 선사되는 반면에, 인간은 자신의 삶을 주체적으로 형성하지 않으면 안 된다. 인간이 이렇게 자신의 삶을 주체적으로 형성할 수 있는 능력은 보통 이성이라고 불린다. 동물은 본능의 지배를 받음으로써 동물에게 본능을 부여한 자연의 지배를 받게 되지만, 인간은 본능이 약화된 결과로 주어진 이성적인 능력으로 인해서 어떤 의미에서는 자연을 초월하게 된다.

물론 이 경우 문제되고 있는 이성은 도구적 지성, 즉 자신의 욕구를 만족시키기 위하여 대상을 조작하는 능력을 말하는 것만은 아니다. 그러한 지성은 인간뿐 아니라 영장류도 가지고 있다. 진화된 동물은 자신의 생존을 위해서 그때마다의 상황에 적응하는 지적인 능력인 지능을 초보적인 수준에서나마 가질지 모르지만, 진리 자체에 대한 관심인 이성은 갖지 못한다. 인간은 이러한 이성을 갖기에, 단순히 목전의 이해관심에 몰두하는 것을 넘어서 존재 전체의 본질과 의미에 대해서 사유할 수 있다. 인간만이 자연 안의 모든 생물체는 사멸한다는 사실을 자각할 수 있으며, 어차피 사멸해야 함에도 왜 그 모든 고통과 고뇌를 감수하면서 살아야만 하는지에 대해서 물을 수 있다.

● 인간의 근본적인 상황과 근원적인 열망

그런데 존재 전체와 삶의 의미에 대한 물음은 우리 인간이 묻고 싶어서 묻는 물음이 아니다. 어떤 의미에서 우리는 그러한 물음을 묻도록 운명적으로 규정되어 있다. 그것은 인간에게는 본능이 약화된 대신 이성이 존재하기에 인간이 피할 수 없이 처하게 된 상황이다.

문제는 인간의 이성이라는 것이 그러한 물음만 우리에게 제기할 뿐 그에 대한 대답은 대부분의 경우 오리무중으로 남겨 놓는 유한한 이성이라는 점이다. 자연 안에 존재하는 모든 것의 존재의미를 물을 수 있다는 점에서 인간은 자연을 초월해 있고 이 점에서 우리는 인간을 위대한 존재로 볼 수도 있지만, 그러한 위대함은 항상 절망으로 끝날 수도 있는 취약한 위대함이다. 이런 의미에서 인간이 본능을 넘어서 이성을 갖는다는 사실은 축복인 것처럼 보이지만 한편으로는 저즈이기도 하다. 우리 인간은 이성을 갖기에 자신이 아무런 이유도 근거도 없이 세계에 내던져져 있다고 느낄 수 있으며 세계와 자신의 존재의미라는 풀리지 않는 수수께끼를 풀려고 노력하게 되는 것이다.

이성은 위와 같이 자연 전체를 초월하는 능력이기 때문에 상상력과 긴밀하게 연관되어 있다. 인간의 이성이 세계와 자신의 존재의미를 물을 수 있는 것은 이성이 생성과 소멸 그리고 생로병사에 의해서 지배되는 이 덧없는 세계에 대해서 영원과 충만이 지배하는 세계를 상상할 수 있기 때문이다. 그리고 바로 그 때문에 왜 세계는 이렇게 무의미하게 생성 소멸하는지에 대해서 의문을 품을 수도 있으며 이러한 세계의 부조리에 대해서 분노할 수도 있다.

인간의 이성이 갖는 상상력 때문에 그것은 또한 시간의식도 가질 수 있다. 우리가 상상력을 '현재 지각되지 않고 있는 상像을 떠올릴 수 있는 능력'으로 본다면, 이미 지나가 버린 사건을 떠올리거나 아직 오지 않은 사건을 예견하는 능력인 시간의식은 상상력의 일종이라고 볼 수 있다. 오직 인간만이 과거와 미래 그리고 현재를 의식한다. 동물은 현재에 몰입해서 산다고 하지만 동물에게는 시간의식이 없기에 현재도 없다고 해야 할 것이다. 동물은 사실상 시간이 결여된 세계에서 사는 것이다.

이에 반해 인간은 시간을 의식하면서 시간적인 세계에 살기에, 과거를 회상하면서 과거를 그리워하거나 회한을 품을 수도 있으며 미래를 예기하면서 희망을 품거나 공포를 품을 수도 있다. 동물과는 달리 오직 인간만이 재산을 축적하는 것도 인간만이 시간의식을 갖고 미래에 대한 두려움을 갖기 때문이다. 그러나 이렇게 인간은 기억을 통해서 인류가 습득한 지혜들을 계승하고 미래를 예견함으로써 미래의 재앙을 막을 수도 있으나, 이러한 시간의식 때문에 또한 항상 과거에 대한 회한과 미래에 대한 두려움 속에 살 수도 있다. 따라서 종종 우리는 시간의식을 결여한 채 순간순간에 몰입해 사는 동물들을 부러워할 때가 있는 것이다.

아울러 인간은 궁극적으로는 독자적인 개인으로서 자신의 삶을 형성해 가야만 하며 자신의 죽음을 홀로 맞아야 한다. 오직 인간만이 '나'라고 말할 수 있다. 이러한 자의식은 자유와 책임이라는 무서운 선물을 수반한다. 인간은 자유롭게 자신의 삶을 영위할 수 있다고 느끼고, 자신이 자신의 삶의 주인이라는 사실에 기쁨을 느낀다. 그러나 그는 여러 행동가능성들 중에서 하나를 선택해야 하며, 많은 경우 그러한 선택이 올바른 것이었는지에 대해서 확신하지 못하면서도 그것에 대해서 책임을 져야만 한다. 사람들은 흔히 동물의 삶은 본능에 의해서 규정되어 있는 반면에 우리 인간은 자신의 삶을 자유롭게 형성한다고 자랑스럽게 말한다. 그러나 인간이 자신의 삶을 자유롭게 형성한다는 것은 동물에 비해서 훨씬 많은 삶의 부담을 짊어지지 않으면 안 된다는 것을 의미한다.

또한 인간은 이성을 가지고 있기 때문에 동물이 자신의 생존을 위해서 제기할 필요도 없는 문제들을 제기함으로써 자신의 삶을 복잡하게 만들고 부담스럽게 만들게 된다. 한가할 때도 인간은 자신의 존재에 대해 불안을 느끼거나 아니면 권태를 느끼고 자신의 존재에 대한 강렬한 물음에 사로잡힌다. 인간은 이러한 불안과 권태에서 벗어나기 위해서 일에 미친 듯이 몰두하기도 하며 이데올로기나 사이비종교 혹은 마약과 알코올로 도피하기도 한다. 자연의 생물체들 중에서 오직 인간만이 권태를 느낄 수 있고 또한 낙원으로부터 추방된 느낌을 가질 수 있다. 인간이 이성과 함께 자신의 삶이 지게 되는 부담을 성공적으로 짊어질 때 인간은 동물 이상으로 위대해질 수 있지만, 그것을 제대로 짊어지지 못할 경우에는 동물 이하의 악마적인 존재로 전락할 수도 있다.

인간의 모든 열정과 노력은 세계와 자신의 존재에 대한 해답을 찾기 위한 몸부림이며 광기를 피하기 위한 몸부림이라고도 말할 수 있다. 이런 의미에서 프롬은 인간의 정신적인 삶에서 진정하게 문제가 되는 것은 왜 사람들이 미치게 되는

가 하는 것이라기보다는 왜 대개의 사람들이 광기를 면할 수 있느냐는 것이라고 말하고 있다. 왜냐하면 인간이 처한 근본적인 상황은 인간을 해결할 수 없는 수수께끼 앞에 직면케 하고, 진지하게 고민하는 자라면 미치게 될 정도의 상황이기 때문이다.

인간이 건설한 모든 문화란 인간이 처하고 있는 근원적인 문제 상황에 대한 해답을 얻기 위한 체계라고 볼 수 있다. 그리고 종교야말로 인간 존재의 문제에 대한 해답을 구하려는 궁극적 시도라고 한다면 모든 문화는 종교적인 성격을 갖는다고 말할 수 있다. 프로이트가 종교와 예술을 성욕의 승화라고 본 반면에, 프롬은 종교와 예술의 배후에 도사리고 있는 그 무서운 에너지를 한갓 생리적인 욕구인 성욕으로 환원시켜서는 안 된다고 보고 있다. 종교와 예술은 왜 우리는 인간으로 태어났는가라는 문제를 해결하려는 시도라는 것이다.

원시적 종교나 유신론적 종교 혹은 무신론적 종교 모두가 인간의 존재문제에 대해서 해답을 얻기 위한 시도이다. 가장 야만적인 문화도 최고의 문화와 동일한 기능을 갖는다. 차이는

다만 주어진 해답이 더 좋으냐 나쁘냐 하는 것이다. _『건전한 사
회』

이러한 사실을 고려할 때, 인간의 본질 혹은 본성을 어떻게
정의해야 하는가에 대하여 하나의 가설이 생겨나게 된다. 그
것은 인간의 본성은 사랑이나 미움, 선이나 악이라고 하는 특
정한 성질에 의하여 정의할 수는 없고, 인간이 동물과 달리 본
능을 상실한 대신에 이성과 자기의식을 갖게 된 데서 비롯된
불균형하고 역설적인 상황에 의해서만 정의할 수 있다는 것
이다.

인간이 던져져 있는 부조리하고 역설적인 존재상황은 모든
인간에게서 동일한 정신적 열망을 낳는다. 인간의 근원적 열
망은 인간이 본능의 약화와 함께 이성을 갖게 됨으로써 낯설
고 우리가 안주할 수 없게 돼버린 세계와 새로운 조화를 회복
하는 것이다. 인간은 자신의 이성과 자기의식을 포기하고 본
능에 따르는 동물로 되돌아가기를 원할 수 없다. 인간이 인간
으로 존재하는 한 그것은 불가능하다.

그는 자신을 낯선 세계에서 덧없이 방황하는 존재라고 느끼

는 무력감과 불안을 극복하면서 세계와의 새로운 결합을 발견하지 않으면 안 된다. 개개의 인간과 인류 전체는 끊임없이 자신을 탄생시켜 나가지 않으면 안 되며, 세계를 자신이 그 안에서 아늑하게 살 수 있는 새로운 고향으로 변용시켜 나가야 한다.

프롬은 세계와의 새로운 합일을 성취하려는 이러한 근원적인 열망을 결합에의 열망, 초월에의 열망, 그리고 헌신과 지향의 틀에 대한 열망들로 나누어 고찰하고 있다. 프롬의 서술은 이러한 열망들이 각기 다른 열망들인 것 같은 인상을 주지만, 그것들은 사실은 세계와 새로운 조화를 성취하려는 하나의 근원적인 열망이 갖는 여러 측면이라고 할 수 있다.

3

인간의 근본조건에서 비롯되는 근원적 열망들

● 결합에의 열망

(1) 결합에의 열망이 나타나는 다양한 방식

인간은 이성, 상상력 그리고 자기의식을 갖게 됨으로써 자신이 던져져 있는 세계를 낯설게 느끼면서 자신의 고립과 고독을 자각한다. 그는 자신이 고독하게 탄생과 죽음의 우연에 내던져져 있다고 느끼면서, 자신의 분리되고 고립된 실존을 견딜 수 없는 감옥으로 경험하게 된다. 이러한 감옥에서 벗어나 어떤 형태로든 다른 인간과 외부 세계와 결합하지 않는 한 인간은 미쳐 버릴 것이다. 자신이 분리되고 고립되어 있다는 기분이야말로 모든 불안의 원천이 된다.

따라서 이러한 분리 상태에서 벗어나기 위한 다양한 방법들이 인류 역사에서 끊임없이 개발되어 왔다. 술에 만취하거나 마약을 복용하는 것도 결국은 고립감을 극복하기 위해서 행해지는 것이다. 사람들이 가장 많이 시도하는 합일의 형태는 어떤 특정한 집단과 그것이 따르는 관습이나 신앙에 자신을 복속시키는 것이다. 이러한 집단은 혈연사회나 지연사회일 수도 있고 국가나 종교공동체일 수도 있다.

현대산업사회는 세계와의 분열 상태를 극복하는 또 다른 해결책을 제공한다. 그것은 자신을 자신의 사회적 역할과 동일시하거나 물건으로 환원함으로써 자기를 상실하는 것이다. 인간은 사회 조직이나 물건과 자신을 동일시함으로써 자기가 인간임을 잊어버리기 때문에 세계와의 분열이 은폐되는 것이다. 그는 하이데거의 말을 사용한다면 '익명적인 세상사람'이 되며 비인간이 된다. 그는 '그 자신'이기를 그만두고 하나의 역할이나 물건이 됨으로써 자기를 망각한다.

그러나 마약이나 알코을에 의한 도취적 합일에서 이루어지는 합일은 일시적이고 비이성적인 것이며, 집단과의 일치나 자신의 상실에 의해서 이루어지는 합일은 사이비 합일에 지나지 않는다. 그러므로 프롬은 이러한 합일들을 인간 실존의 근본 문제에 대한 부분적인 해답에 지나지 않는 것으로 본다. 그는 분리를 극복할 수 있는 완전한 해결책은 '사랑'이라고 생각한다. 그러나 이러한 사랑은 사람들이 흔히 상대방에 대한 소유욕과 혼동하는 사랑처럼 쉽게 일어나는 것이 아니다. 그것은 인간 각자의 끊임없는 자기성찰과 수련을 필요로 한다.

(2) 사랑의 본질

참된 사랑은 첫째로 사랑하는 자의 생명과 성장에 대한 '적극적인 관심'이다. 이러한 보호와 관심에는 사랑의 두 번째 요소인 '책임'이 포함되어 있다. 책임은 다른 인간의 잘잘못을 함께 책임지려는 것이다. 사랑의 세 번째 요소는 '존경'이며 그것이 결여될 경우 책임은 쉽게 지배와 소유로 타락한다. 존경한다는 것은 어떤 사람을 있는 그대로 보면서 그의 독특한 개성을 통찰하고 존중하는 것이다. 존경은 다른 사람이 그 자신으로서 성장하고 발달하기를 바라는 관심이며 그것은 상대방에 대한 애정뿐 아니라 상대방의 장단점을 통찰할 수 있는 지혜를 요구한다.

상대방에 대한 진정한 존중은 상대방의 뜻을 다 받아들여 준다는 것이 아니며 상대방의 왜곡된 심성과 그 원인까지 통찰하고 상대방이 그 왜곡된 심성으로부터 벗어나도록 도와주는 것이다. 타인에 대한 존중은 내가 독립을 성취할 경우에만,

다시 말하여 남을 지배하고 착취하지 않아도 나 자신의 삶에 만족할 수 있을 경우에만 가능하다. 그렇지 않을 경우 우리는 타인을 지배하고 소유함으로써 자신이 삶에서 겪고 있는 공허감과 불만을 보상하려고 하게 된다.

참된 사랑은 자신의 자율성과 독립성을 상실하지 않은 채 다른 사람, 모든 인류, 자연과의 결합을 경험하는 것이다. 사랑의 경험에서 두 사람은 하나가 되면서 동시에 둘로 남아 있는 역설적 현상이 생겨난다. 아울러 사랑은 결코 한 사람에 제한되지 않는다. 만약 내가 한 사람만을 사랑할 수 있다면 나는 어떤 점에서 그 사람에게 끌렸을 뿐이지 그 사람을 사랑하고 있는 것은 아니다. 참된 의미의 사랑은 '한' 사람 내지 '하나의' 대상과의 관계가 아니라 세계 전체와의 관계를 결정하는 '태도' 곧 '특정한 성격'이기 때문이다. 따라서 만일 내가 참으로 한 사람을 사랑한다면 나는 모든 사람을 사랑하고 세계를 사랑하고 삶 자체를 사랑하게 된다. 한 사람을 생산적으로 사랑하는 것은 그 사람의 인간적인 핵심, 즉 인류와 삶을 대표하는 자로서의 그 사람과 관계하는 것을 의미한다. 한 개인에 대한 사랑이 인류에 대한 사랑과 분리된 것인 한 그것은 피상적이고 우연적인 것일 뿐이며 사랑이 아니라 확대된 이기주의일 뿐이다.

사랑은 프롬이 생산적 정향定向이라고 부르는 것의 한 양상이다. 그것은 인간이 자기 동료, 자기 자신 그리고 자연에 대해서 갖는 창조적 관계이다.

'사상思想'의 영역에서 이러한 생산적 정향은 이성을 통해서 세계와 인간을 '있는 그대로' 인식하는 것이다. 프롬은 이러한 이성을 도구적인 지성과 구별한다. 도구적인 지성은 인간의 욕구충족을 목표하고 그것을 충족시키는 데 기여하는 수단적인 성격을 갖는다. 현대과학은 이러한 도구적 지성의 발현이라고 볼 수 있다. 그것은 양화量化될 수 없는 구체적인 개개의 인간과 사물을 냉정하게 파악될 수 있는 일반적인 법칙들로 환원하여 파악하려고 한다. 그 경우 구체적인 개개의 인간과 사물은 보편적인 법칙이 적용되는 하나의 표본들에 지나지 않게 된다.

바로 이러한 이유로 프롬은 하이데거와 같은 사람들과 마찬가지로 현대과학이 구체적인 개개의 인간과 사물을 기술적으로 지배하려는 탐욕에 의해서 규정되어 있다고 본다. 이러한 도구적인 지성과 달리 이성은 세계를 지배하기 위해서 세계를 파악하는 것이 아니라, 세계와 존재자들에 대한 경이 안에서 세계와 세계 내의 모든 존재자의 고유한 본질을 인식하고 드러낸다. 이러한 인식행위는 세계와 존재자와의 합일을 성취하는 한 형태라고 볼 수 있다.

'행위'의 영역에서 생산적 정향은 창조적인 작업에서 나타난다. 그 원형은 예술과 탁월한 수공업적 재능에서 찾아볼 수 있다. 이 경우 작품의 생산은 사물을 우리 인간의 욕구를 충족시키는 수단으로 만드는 것이 아니라 그것으로 하여금 자신의 본질을 발현하는 것을 돕는 것이 된다.

생산적 정향이 '감정'의 영역에서 표현될 때 그것은 사랑으로 나타난다.

프롬은 위와 같이 '사상'의 영역에서 이루어지는 이성에 의한 세계파악과 '행위'의 영역에서 이루어지는 예술 등에 의한 작품형성, '감정'의 영역에서 이루어지는 사랑을 분리시켜서 설명하고 있지만 사실상 이 삼자는 서로 분리될 수 없는 것이다. 사물에 대한 사랑에 바탕을 두지 않는 인식은 그 사물을 지배할 수 있는 객관적인 정보를 제공할지는 모르지만 그 사물의 본질에 대한 이해를 제공할 수는 없다.

이런 맥락에서 셸러 같은 사상가는 사물들의 본질을 진정으로 이해하기 위해서는 그 사물들에 대한 사랑을 갖지 않으면 안 된다고 주장하고 있다. 다른 한편으로 사랑은 상대방이나 사물에 대한 깊은 통찰이 없이는 그들의 성장을 저해하는 맹목적인 것이 될 것이다. 사랑과 이성은 정서적인 능력과 사고능력이라는 서로 다른 능력의 표현이지만, 둘 중의 어느 하나가 없이는 양자 모두 존립할 수 없는 것이다.

'이성'에 의한 세계인식이 세계와 존재자들에 대한 사랑을 필요로 하는 것처럼 예술 등에서 보이는 진정한 생산 활동 역시 사물에 대한 사랑을 필요로 한다. 진정한 생산 활동에서 인간은 사물을 자신의 욕구를 충족시키는 수단으로 만드는 것이 아니라 오히려 그 사물이 자신의 본질을 구현하는 것을 돕는 '사물들의 수호자'와 같은 역할을 하게 된다.

프롬은 현대사회에서 사랑이나 동정 그리고 자비와 같은 미덕들이 소멸하고 있다고 생각한다. 자본주의가 발달하면서 중세 가톨릭 세계의 기본적인 미덕이던 동정 또는 자비는 이제 미덕으로 간주되지 않게 되었다는 것이다. 예를 들어 벤자

민 프랭클린이 열거하고 있는 미덕에는 동정이나 사랑이나 자비와 같은 것은 언급조차도 되지 않고 있다. 자본주의가 중시하는 새로운 윤리적 규범은 '진보'다. 이러한 진보는 무엇보다도 '경제적인' 진보를 의미하며 보다 더 능률적인 생산 방식에 의해서 생산을 증대시키는 것을 의미한다. 그 결과 인간의 여러 성질들 중에서 이러한 '진보'에 기여하는 것은 미덕으로 간주되고 그것을 방해하는 것은 '죄악'으로 간주된다.

특히 19세기의 자본주의에서는 노동자들에 대한 가혹한 착취나 경쟁 상대를 무자비하게 제거하는 것은 생산력을 발달시키는 데 도움이 되지만 동정이나 자비는 방해가 되기 때문에, 동정심은 값싼 감상感傷이나 어리석음으로 간주되었다. 또한 진보를 추구하는 것을 중심적인 윤리적 규범으로 삼게 됨으로써 사람들은 냉혹하고 비인간적으로 되었다. 더 나아가 프롬은 20세기에 나타난 현대의 복지국가도 동정심의 확산에 의해서 생긴 것은 아니라고 보고 있다. 그것은 쏟아져 나오는 상품들을 소화할 소비시장이 증대될 필요가 있다는 것, 가난한 사람들의 정치적 압력과 혁명에 대한 두려움, 강화되어 가는 민주적 평등 의식 등에 의해서 가능하게 되었을 뿐이지, 동정은 그러한 동기들 속에 깃들어 있지 않다는 것이다. 프롬은 사랑과 동정과 같은 감정들이 소멸하고 있다는 사태야말로 바로 우리 현대사회가 비인간적이고 비생산적인 사회로 되고 있다는 사실에 대한 증거라고 생각한다.

● 초월과 창조에의 욕구

인간은 자연과의 본능적인 친화관계에서 벗어나 이성을 갖게 되면서 자신이 자신의 의지와는 상관없이 낯선 세계에 무력하게 던져져 있다는 것을 의식한다. 그는 이러한 무력감에서 벗어나기 위해서 자신이 무엇인가를 할 수 있고, 누군가를 움직일 수 있고 그에게 인상을 줄 수 있는 능력을 갖고 있다는 것을 확인하고 싶어 한다. 프롬은 이러한 능력을 갖고 싶어 하는 열망을 초월과 창조에의 열망이라고 부르고 있다.

프롬은 이러한 열망은 어린아이에게서 보인다고 말하고 있다. 어린아이가 성을 내거나 울부짖거나 고집을 부리는 것도 어떤 결과를 낳고 어떤 것을 바꿀 수 있는 능력을 획득하려는 시도 중의 하나라는 것이다. 프롬은 사람들이 터부시되고 있는 일을 하고 싶어 하는 것도 유사한 열망에서 비롯되는 것으로 본다. 인간은 자기가 존재하도록 강요된 좁은 틀의 바깥쪽을 보려는 충동을 느낀다. 이러한 충동은 인간이 한갓 생존에 연연해하는 상태를 넘어서 자신에게 잠재된 능력과 힘을 구현하려고 하는 욕구다.

아울러 프롬은 소설이나 영화에서든 실제에서든 범죄나 폭력 등이 대부분 사람들의 흥미를 끄는 것도 초월의 욕구와 관련된 것으로 보고 있다. 자동차 사고나 화재라도 일어나면 구경꾼들이 모여들어 열심히 구경을 하게 되는데, 그것은 삶과 죽음의 근원적인 문제가 일상적인 체험의 표면으로 튀어나오면서 단순한 생존의 차원을 넘어선 드라마에 굶주린 사람들을 매료시키기 때문이라는 것이다.

사람들은 경우에 따라서 자신의 생존이 위협을 받을 수 있음에도 불구하고 창조적이고 위대하며 고귀한 것으로 생각되는 활동을 통해서 자신의 능력과 힘을 확인하고 싶어 한다. 그러한 욕망은 나에게는 눈이 있으니까 무엇인가를 보고 싶다는 욕망이며, 귀가 있으니까 어떤 소리를 듣고 싶다는 욕망이며, 정신이 있으니까 무엇인가 생각하고 싶다는 욕망이며, 감정이 있으니까 무엇인가 느끼고 싶다는 욕망이다. 그것은 내가 생존을 위해서 날카롭게 보고 듣고 생각하고 느껴야 한다는 강박관념에서 벗어나 이 세계를 보다 순수한 눈으로 보고 순수한 귀로 들으며 순수한 정신으로 생각하고 순수한 감정으로 느끼고 싶다는 욕구이다. 그것은 보고 듣고 생각하고 느끼는 자신의 능력을 정화함으로써 세계를 보다 정화된 형태로 보고 듣고 생각하고 느끼려고 하는 욕구이며, 세계를 단순히 자신의 생존을 확보하기 위한 장으로 보는 것을 넘어서 아름다움과 깊은 의미로 충만한 세계로 보려고 하는 욕구다. 이러한 욕구는 근본적으로 오직 인간에게만 특유한 욕구이며, 세계와 승화된 관계를 맺음으로써 자기 자신의 고귀한 존재를 확인하려는 욕구이다.

생존을 위한 활동은 보통 노동이라고 불리는 반면에, 생존을 초월하려는 활동은 보통 유희라고 불린다. 이러한 의미의 유희는 예술행위뿐 아니라 종교적인 행위까지도 포함하며, 노동이 단순히 생존을 위한 것이 아니라 자신의 능력을 확인하기 위한 것일 경우에는 노동까지도 포함한다. 우리의 사고행위도 생존을 위한 기능으로 행해질 수 있는 반면에, 생존의 차원을 넘어서 세계와 사물들의 본질을 이해하고 직관하려는 방식으로 행해질 수 있다.

공리주의적이고 실증주의적인 철학사조들은 이렇게 초월적인 성격을 갖는 현상들마저도 생존을 위한 것들로 해석하려고 했다. 그러나 루이스 멈포드와 같은 사람들을 원용하면서 프롬은 프랑스의 동굴회화cave painting나 원시적인 도기 제품의 장식 등이 세련된 예술품들과 마찬가지로 결코 공리주의적인 목적을 가지고 있지 않다는 사실을 강조하고 있다. 그것은 사람들의 정신적 만족을 위한 것이지 결코 육체적인 생존을 위한 것은 아니라는 것이다.

프롬은 모든 위대한 예술은 본질적으로 자신의 시대와 모순을 빚을 수밖에 없다고 말하고 있다. 이는 위대한 예술은 인간의 잠재적 가능성을 표현하는 것이므로, 사회가 큰 문제없이 기능하느냐 그렇지 않느냐에 개의치 않기 때문이다. 모든 위대한 예술은 기존 사회가 억압한 인간의 진실을 표현하기 때문에 혁명적인 성격을 띤다. 정치적으로는 반동적인 예술가라도 만일 그가 위대한 예술가라면, 특정 사회의 계급적 모순을 사실적으로 묘사하는 데 지나지 않는 '사회주의 리얼리즘'의 예술가보다도 훨씬 혁명적인 성격을 갖는다고 프롬은 보고 있다.

프롬은 꿈도 생존의 차원을 벗어나 자신의 잠재적인 가능성을 구현하려고 하는 인간욕구의 한 표현이라고 보고 있다. 잠을 잘 때 인간은 어떻게 생존을 유지할 것인가라는 고민에서 해방된다. 그 결과 그의 의식은 사회가 정해준 사고의 범주에 의해서 좌우되지 않고 꿈에서 보이는 것과 같은 독특한 창조성을 보이게 된다. 인간은 꿈속에서 자신의 개성과 잠재적인 욕구를 드러내는 것이다. 꿈속에서 한 개인은 사회의 협소한 한계를 뛰어넘어 완전히 인간적인 존재가 된다. 이런 의미에서 프롬은 프로이트가 개척한 꿈의 해석이라는 기술이 모든 사람의 마음속에 깃들어 있는 억압되지 않은 인간성을 이해할 수 있는 길을 터놓게 되었다고 말하고 있다. 물론 프로이트는 성본능이 인간의 삶에서 차지하는 비중을 지나치게 중시하고 있지만 말이다.

그러나 프롬은 초월과 창조에의 열망은 결합에의 열망과 마찬가지로 많은 경우 부정적인 형태로 나타난다고 본다. 이 때 그것은 자신의 명성을 드높이려는 욕망이나 다른 사람들을 지배하려는 욕망 혹은 사물들을 소유함으로써 자신의 힘을 확인하려는 재물에 대한 탐욕으로 나타난다.

● 지향Orientation의 틀과 헌신할 대상에 대한 욕구

인간은 본능의 구속에서 벗어나 이성을 갖고 있기 대문에, 세계가 덧없이 생성소멸하고 있으며 자신은 아무 근거도 이유도 없이 이 세계에 던져져 있다는 사실을 발견하게 된다. 인간은 이렇게 낯선 세계에 던져져 있으면서도 이 세계를 자신이 살아야 할 세계로서 인수하지 않으면 안 된다. 이러한 상황에 직면하여 인간은 세계와 자신이 존재하는 의미와 자신이 어떻게 살아야 하는지에 대한 의문에 사로잡히게 된다. 이와 함께 인간은 세계와 자신의 존재의미를 밝혀주고 자신이 세계에서 어떻게 살그 행동해야 할지를 지시해 주는 지향의 틀을 갖고 싶어 한다.

여기서 말하는 지향의 틀이란 한갓 머릿속에 머무르는 관념체계에 그쳐서는 안 된다. 만약 인간이 육체를 소유하지 않고 순수하게 지성만을 가지고 있다면 하나의 포괄적인 관념체계에 지나지 않는 지향의 틀만으로도 충분할지 모른다. 그러나 인간이 정신과 아울러 육체를 갖는 존재인 한, 사고뿐 아니라

행동이나 감정의 차원에서도 인간을 강력하게 사로잡을 수 있는 지향의 틀이 필요하다.

이렇게 사고뿐 아니라 인간의 존재 전체를 사로잡는 지향의 틀은 보통 절대적이고 무한한 존재를 자신의 축으로 갖는다. 이는 인간은 자신의 삶의 무상함과 무력함을 의식하면서 자신의 삶이 영원성과 충만한 힘을 갖기를 바라기 때문이다. 인간은 절대적이고 무한한 존재에 귀의함으로써 영원성과 아울러 그 어떤 상황에서도 흔들리지 않는 충만한 힘을 갖고자 한다. 따라서 인간의 존재 전체를 사로잡는 모든 지향체계는 이러한 절대적이고 무한한 존재를 체계의 중심에 두며 이러한 존재에 대한 헌신을 요구한다. 이러한 헌신의 대상은 인간의 모든 열정과 에너지를 하나의 방향으로 통합하고 인간의 생각과 행동에 절대적인 확실성을 부여함으로써 인간을 모든 종류의 의심과 불안에서 해방시킨다.

지향체계와 헌신의 대상을 구하는 욕구야말로 식욕이나 성욕보다도 훨씬 더 강력한 욕구라고 볼 수 있다. 그것은 인간만이 가질 수 있는 세계불안Weltangst, 즉 인간이 본능의 구속에서 벗어나 이성을 갖게 되면서 세계를 낯설고 덧없는 것으로 느끼게 되는 불안을 근본적으로 극복하려고 하는 욕구이기 때문에 이보다 더 강력한 에너지의 원천은 없다. 인간이 자신의 삶에 방향과 의미를 제시해주는 세계상을 갖지 못하고 방황하는 상태는 보통 니힐리즘이라고 불리지만, 이러한 니힐리즘의 상태야말로 인간이 가장 두려워하는 상태들 중의 하나인 것이다.

지향체계와 헌신의 대상에 대한 욕구는 인간의 욕구 중 가장 큰 욕구이기 때문에 인간은 불합리한 정치적인 교리나 종교적인 교리에 쉽게 빠지게 된다. 그러한 교리를 신봉하고 있지 않는 사람들의 눈으로 보면 그것은 분명히 말도 안 되는 이론체계에 불과한 것임에도 불구하고 그것은 그것을 신봉하는 사람들을 철저하게 사로잡는다. 사람들은 지도자들의 암시적인 영향력이나 암시에 걸리기 쉬운 인간의 성질에서 그러한 경향의 원인을 찾지만, 이것이 원인의 전부는 아니다. 지향체계와 헌신의 대상에 대한 욕구가 본래 강렬하지 않다면 인간은 그렇게 쉽게 암시에 걸리지도 않을 것이다.

사람들은 어떠한 형태로든 간에 지향체계와 헌신의 대상을 갖고자 한다. 인간이 헌신하는 대상은 여러 가지 형태로 나타난다. 그것은 인간의 독립과 성장을 돕는 존재일 수도 있는 반면에, 인간을 예속하면서 그의 성장을 막는 우상일 수도 있다. 헌신의 대상이 갖는 이러한 차이는 분명히 중요한 것이지만, 인간의 일차적인 욕구는 참된 세계상과 헌신의 대상을 갖는 것보다는 진실이든 허위이든 상관없이 일단은 하나의 지향체계와 헌신의 대상을 갖고자 하는 것이다. 지향체계와 헌신의 대상을 발견하는 것과 관련하여 한 인간에게 일차적으로 문제가 되는 것은 불안의 해소이지 진실의 확보가 아닌 것이다.

인간에게 헌신할 대상을 지시하는 지향체계는 세계의 근거와 의미 그리고 그 안에서의 인간의 위치에 대한 이해를 제공해야만 한다. 세계 전체에 대한 이러한 이해를 마련해주는 것은 보통 종교였다. 이 경우 프롬은 종교라는 단어를 극히 넓은 의미로 사용하고 있으며, 그것은 '집단이 공유하는 사상과 행위의 체계로서 개인에게 지향체계와 헌신의 대상을 제공하는 모든 것'을 가리킨다. 이런 의미에서 종교는 인간과 문화가 존재하는 모든 곳에서 존재하며 심지어 무신론이 지배하는 곳에서도 존재한다. 그 경우 사람들은 동물이나 나무, 씨족이나 부족, 민족이나 인종 그리고 프롤레타리아와 같은 어떤 특정한 계급, 고상한 인물, 악마와 같은 지도자들, 돈이나 성공을 헌신의 대상으로서 숭배하는 것이다.

프롬은 결합에의 열망과 초월에의 열망과 마찬가지로 지향체계와 헌신의 대상에 대한 열망도 많은 경우 부정적이고 비생산적인 형태로 구현된다고 본다. 나중에 보겠지만 프롬은 지향체계와 헌신의 대상을 인간의 정신적인 성장을 막는 권위주의적인 성격을 갖는 것과 인간의 정신적인 성장을 돕는 인본주의적인 성격을 갖는 것으로 나누고 있다. 그런데 사람들은 보통 권위주의적인 성격을 갖는 종교적 교의나 정치적 이데올로기에 빠지고 유한한 것을 무한하고 절대적인 것으로 착각하는 우상숭배에 빠지면서 삶의 의미와 정신적인 안정을 구한다는 것이다.

● 인간만이 갖는 열정들의 의의

프롬이 여기서 논하고 있는 인간의 근본적 열망들인 결합에의 열망과 초월에의 열망, 지향의 틀과 헌신의 대상이 대한 열망은 사실은 하나의 동일한 열망을 여러 측면에서 고찰한 것이라고 볼 수 있다. 사람들은 동일한 지향체계와 헌신의 대상을 지향함으로써 서로 간의 결합을 추구하는 것이며, 또한 이러한 지향체계는 사람들이 자연을 초월하면서 자연을 자신들이 고향처럼 아늑하게 거주할 수 있는 장소로 변용하는 방식들이기도 한 것이다.

인간만이 갖는 이러한 열정들 때문에 인간은 단순한 동물적인 상태를 벗어나 영웅으로 변모할 수 있으며 극한적인 상황에 처해서도 인생의 의미를 깨달으려고 노력하게 된다. 인간은 자기 자신의 창조자가 되어 자신의 삶을 깊은 의미와 목적을 가진 것으로 변용하려고 한다. 그러한 열정들은 예술, 종교, 신화, 연극 등과 같이 인생을 가치 있게 만드는 모든 것을 낳는 터전이다. 그러나 그러한 열정들은 또한 자신과 세계를 파괴하면서 악덕에 사로잡히게 하는 동인이기도 하다. 그것들이 긍정적인 형태로 나타날 경우에 그것들은 사랑, 친절, 연대, 자유, 그리고 진리를 구하려는 열정으로 나타나지만, 부정적인 형태로 나타날 경우에는 지배하고 파괴하며 예속되려고 하는 열정이나 나르시시즘, 탐욕, 선망, 야심으로 나타난다.

그런데 이러한 열정들은 생리적 욕구가 만족된 후에야 비로소 나타나는 것은 아니다. 그것들은 인간 존재의 근저에서 인간의 모든 사고와 행동을 근본적으로 규정하는 것이다. 따라서 사람들은 성적 만족을 얻을 수 없거나 굶주리고 있기 때문에 자살하는 경우는 거의 없지만, 사랑, 권력, 명성, 복수의 열정을 실현할 수 없던 까닭에 자살을 택해 왔다. 인간에게만 고유한 열정은 성스럽거나 악마적인 것의 영역에 속한다. 그러한 열정이 만물에 대한 사랑이라는 성스러운 형태로 나타나든 혹은 다른 인간이나 사물들에 대한 지배와 파괴라는 악마적인 형태로 나타나든 그것은 자연과 동물의 영역을 초월하는 것이다.

개인이나 집단의 행동을 살펴볼 때 우리는 굶주림이나 성욕을 충족시키려는 욕구는 인간의 행동 동기 중 지극히 작은 부분을 차지하고 있다는 사실을 발견한다. 만일 본능이 인간 행동의 대부분을 결정한다면, 인간은 풍부한 음식물만 있으면 만족하는 소처럼 될 것이다. 그러나 사람들이 단순히 먹고 자고 번식하는 삶을 반복하기만 한다면 사람들은 자신이 바라는 모든 안정을 얻었더라도 자신의 삶에 대해서 불만에 차게 된다.

그러한 불만은 보통 권태라는 형태로 나타난다. 따라서 인간은 드라마와 흥분을 찾으며, 보다 높은 수준의 만족을 얻을 수 없을 때는 스스로 파멸의 드라마를 만들어 낸다. 모든 인간의 열정은 '좋은' 것이든 '나쁜' 것이든 자신의 인생의 의미를 깨달음으로써 생명의 보존이나 본능적인 욕구의 충족에 그치는 평범한 삶을 초월하려고 한다. 따라서 인간의 복잡한 심리나 열정은 식욕이나 성욕과 같은 본능적인 동인으로 환원하여 설명할 수 없다.

또한 그러한 열정들이야말로 인간의 본질을 형성하는 것들이기 때문에 인간은 궁극적으로 자신의 육체적 생존이나 본능적인 욕구의 충족을 목표하지 않고 하나의 전체적이고 완성된 인격으로 성숙하는 것을 목표한다. 이러한 성장에의 욕구를 플라톤은 완전한 이념인 이데아를 향한 열정, 즉 에로스라고 불렀으며 니체는 힘에의 의지라고 불렀다. 그것은 인생의 의미를 깨닫고 주어진 환경에서 달성될 수 있는 최대의 인격적인 통합과 힘을 실현하려고 하는 몸부림이다.

4

인간은 파괴적인 동물인가?

프롬은 우리가 방금 살펴본 인간관에 입각하여 인간의 파괴성과 폭력성의 기원과 본질에 대해서 독자적인 견해를 제시하고 있다.

폭력과 파괴는 인간의 삶에서 흔하게 일어난다. 남에게 상해를 입히는 폭력뿐 아니라 언어에 의한 폭력까지도 포함하면 우리 인간의 세계는 그야말로 폭력이 난무하는 세계라는 생각이 든다. 폭력은 작게는 어린아이들 간의 왕따 만들기와 형제들과 이웃 간의 질시와 반목에서 시작하여 크게는 히틀러의 유태인 학살, 스탈린의 농민학살과 두 번의 세계대전에 이르는 다양한 얼굴을 갖고 인간이 사는 모든 곳에서 만연하고 있다. 인간은 한편으로는 사랑과 평화를 지향하면서도 서로 간에 증오하고 파괴하며, 심지어는 사랑과 평화의 이름으로 폭력과 파괴를 자행하곤 한다. 이렇게 인간의 역사 전체에서 그리고 인간이 사는 도처에서 횡행하는 폭력과 파괴를 보면서 사람들은 누구나 이러한 폭력과 파괴가 어디서 비롯되고 도대체 그것은 극복될 수 있는지, 극복될 수 있다면 어떻게 극복될 수 있는지에 대해서 의문을 가졌을 것이다.

프롬은 인간의 파괴성에 대한 논의를 주로 『인간의 파괴성에 대한 해부*The Anatomy of Human Destructiveness*』에서 전개하고 있다.*

● 인간의 파괴성과 폭력성을 본능으로 보는 견해에 대한 비판

한때 포이어바흐와 마르크스를 비롯한 급진적인 계몽주의자들은 이 지상에 사람들 사이의 차별과 폭력이 제거된 천국을 실현할 수 있다는 희망에 불탄 적이 있었다. 그러나 두 번의 세계대전을 거치고서도 세계 도처에서 인간 사이의 폭력과 살육 그리고 대량살상무기의 개발이 여전히 계속되고 있는 현시점에서 이러한 급진적 계몽주의자들의 희망은 인간의 실상을 보지 못하는 순진하기 그지없는 공상으로 조롱 받는 지경에 이르렀다. 따라서 이제는 많은 사람들이 인간에게

* 이 책에 대한 번역서로는 국내에는 『희망이냐 절망이냐』(편집부 옮김, 종로서적, 1983), 『인간은 파괴적 동물인가?』(진덕규 옮김, 전망사, 1978년)로 번역되어 있다.

는 파괴본능과 같은 것이 있다고 보면서 그것이 일종의 본능인 한 그것은 제거될 수 없으며 이와 함께 인간은 폭력과 파괴를 감수하면서 살 수밖에 없다고 생각하고 있다.

프로이트는 1차 대전을 계기로 하여 자신이 이제까지 가장 기본적인 본능으로 생각했던 성본능 외에 죽음의 본능이 있다고 보게 되었으며, 콘라드 로렌츠 같은 사람도 동물의 행태에 대한 연구를 기초로 하여 인간에게는 선천적인 공격본능이 있다고 생각했다. 그리고 이러한 견해는 몇백 년 전에 인간과 인간의 관계를 만인 대 만인의 투쟁관계로 본 토마스 홉스에 의해서 이미 주장된 바 있다.

그런데 인간에게 그러한 공격성과 폭력성만이 존재할 경우에는 사회질서란 불가능하고 오직 전쟁만이 존재할 것이기에, 이는 분명히 사실이 아니다. 따라서 인간 내부의 선천적인 공격성을 가정하는 사람들도 보통은 그러한 공격성과 폭력성을 견제하는 대항인자가 인간에게 존재한다고 본다. 홉스는 인간에게는 계약을 체결하고 그것에 따를 수 있는 이성이 존재한다는 사실을 인정하고 있으며, 프로이트는 에로스의 본능을 가정하고 있다.

그럼에도 이들이 주장하는 것처럼 인간의 파괴성과 공격성이 성욕과 식욕과 같이 하나의 '본능'이라면 그것은 결코 뿌리 뽑을 수 없는 것일 뿐 아니라 인간을 언제라도 파괴와 공격에 나서도록 내몰 수 있는 것으로서 존재하게 된다. 따라서 인간 내에 일종의 파괴본능을 상정하는 사람들은 인간과 사회에 대해서 상당히 비관주의적인 입장을 취할 수밖에 없게 된다.

그러나 프롬은 이러한 비관주의적 견해가 낙관주의적 견해에 비해서 심오한 것처럼 보이지만 사실은 불합리한 현실을 정당화하는 이데올로기일 수 있다고 보고 있다. 인간은 불가피하다고 생각하는 일에 대해서는 체념할 수 있고 그러한 체념을 통해서 어느 정도의 정신적인 평안을 얻을 수 있다. 따라서 인간에게 선천적으로 공격성이 내재해 있다고 보는 견해들은 장차 발생할 수 있는 비극적인 사태에 대한 공포심을 가라앉히는 한편 인간이 느낄 수 있는 무력감을 합리화시키려는 시도일 수 있다는 것이다.

프롬은 선천적인 파괴본능을 상정함으로써 인간의 파괴적인 성향을 설명하려고 하는 본능주의적인 이론들은 고생물학, 인류학, 역사학 등의 학문적인 성과에 입각해 볼 때 다음과 같은 이유로 부정될 수밖에 없다고 본다.

첫째로, 인간 개개인이나 집단들이 보이는 파괴성의 정도가 너무나도 다르다는 사실은 파괴성과 잔혹성이 천성적인 것이라는 가정에 의해서 설명할 수 없다. 예를 들어 나치즘과 파시즘을 지지했던 주요한 계급이었던 유럽의 하층 중산계급의 사람들에서 보이는 파괴성의 정도는 노동자 계급이나 상층계급에서 보이는 것보다도 훨씬 크다. 또한 인류학적 연구는 다른 사람들에 대해서든 자기 자신에 대해서든 특별히 심한 파괴성을 보이는 민족이 있는가 하면 그것을 현저하게 결여한 민족이 있다는 사실을 보여주고 있다.

둘째로, 천성적인 파괴성을 가정할 경우 파괴성의 정도는 원시시대에는 더 크고 문명이 발달할수록 적어지거나 그전과 동일해야 하지만 그것은 오히려 문명이 발전하면서 더 증가한다. 집단이나 문화마다 파괴성의 정도가 보이는 차이는 파괴성이 생물학적인 본능이 아니라 다른 정신적 요인과 각 집단의 사회 구조가 갖는 차이에서 비롯되는 것일 수 있다는 사실을 시사하고 있다.

흔히 공격성이나 폭력성을 인간의 본능으로 보는 견해는 부지불식간에 인간을 동물과 같이 본능에 의해서 좌우되는 존재라고 가정하면서 인간이 아직 자신의 동물적 본능에서 벗어나지 못한 데서 공격성과 폭력성의 원인을 찾는다. 이러한 견해에서 본능은 저열한 것으로 취급되며 동물은 본능에 따른다는 이유로 저열한 존재로 간주된다. 그러나 동물적인 본능이란 저열한 것도 아니며 더구나 악은 절대로 아니다. 개들의 식욕이나 성욕 그리고 인간의 식욕이나 성욕은 저열한 것도 아니고 악한 것도 아니다.

오히려 인간만이 동물과는 달리 보다 맛있고 고급의 음식을 먹으려 하고, 보다 멋진 이성과 분위기 있는 곳에서 사랑을 나누려고 하는 욕망을 갖고 있기 때문에, 인간 간의 싸움은 동물 세계에서 볼 수 없는 치열함과 잔인한 성격을 띠게 된다. 유명한 디오게네스가 그 일원이었던 고대의 견유犬儒학파는 이러한 통찰에 근거해서 차라리 개처럼 사는 것을 택했을 것이다. 그들은 인간의 인간적인 속성이야말로 악의 근원이며 인간 속의 동물적인 본능은 오히려 지극히 보잘것없는 것으로도 만족할 수 있는 소박한 것으로 보았다. 따라서 이들은 개처럼 사는 것을 이상으로 생각하면서 화려한 집도 진수성찬도 구하지도 않았다. 또한 이들은 멋진 이성과 호화로운 침실에서 사랑을 나누기도 원하지 않았으며, 성욕이 일어나면 길거리에서 아무 때나 자위를 했다고 한다. 알렉산더 대왕이 찾아와서 모든 소원을 다 들어주겠다고 말했을 때, 통에서 자고 있던 디오게네스는 알렉산더 대왕에게 햇볕을 가리지 말아달라고 부탁했을 뿐이다.

동물도 물론 다른 동물들을 공격하지만 그것은 자신과 종족의 생존을 위한 정당방어의 성격이 강하다. 프롬은 이러한 동물적인 성격의 공격성이 인간에게도 존재한다는 사실을 부정하지 않는다. 인간 역시 자신이나 종족의 생명에 대하여 또는 자신이 신봉하고 있는 사상에 대하여 공격이 가해졌을 때는 자신을 위협하는 대상을 파괴하려고 한다. 이러한 자기보호적인 공격성은 개체와 종의 생존을 위해서 불가결하며 위협이 존재하지 않으면 발동되지 않는다는 점에서 프롬은 그것을 '양성良性'의 공격성이라고 부르고 있다. 이러한 공격성은 악한 것이 아니라 생존을 위해서 절대적으로 필요하다.

우리가 만약 인간을 비롯한 모든 생명체의 성장과 만족을 촉진하는 본능이나 사고, 감정, 행위 그리고 성격을 합리적이라고 부를 수 있고, 그것의 성장과 만족을 저해하는 것들을 비합리적이라고 부를 수 있다면, 동물의 본능은 동물의 생존과 성장을 가능케 한다는 점에서 합리적인 것이다. 동물이 자신의 본능에 거슬러서 행동한다면 생존할 수 없을 것이기 때문에 동물에게 본능은 자연 안에서 살아갈 길을 제시해 주는 합리적인 것이다. 이런 맥락에서 프롬은 인간은 본능을 갖기 때문에 비합리적인 존재가 아니라 오히려 본능을 결여하고 자신의 이성에 의해서 살 길을 주체적으로 개척해야 한다는 숙명 때문에 비합리적인 존재로 전락할 수도 있다고 생각한다. 인간 역시 본능에 의해서 결정되어 있다면 인간은 자신과 다른 인간의 삶을 맹목적으로 파괴하지는 않을 것이다.

따라서 인간사회에서 보이는 악의 기원을 동물적인 본능에서 찾는 것은, 인간이 본능 이외에도 이성을 가지고 있다는 단순한 이유로 동물을 암암리에 저열하고 악한 것으로 보는 오만한 인간중심주의를 전제하고 있거니와 전혀 사실에 부합되지 않는다. 오히려 악은 인간적인 것이며 인간이 동물과는 달리 본능적인 차원을 벗어나 이성 혹은 자기의식을 갖는다는 인간 특유의 존재조건에서 비롯된다.

인간에게만 보이는 비합리적인 파괴성이란 외부의 침해에 대해서 자신을 지키기 위한 합리적인 또는 반발적인 성격의 적개심이 아니라, 인간 속에서 끊임없이 요동하고 있고 기회만 있으면 언제라도 튀어나오려고 하는 하나의 성향이다. 이러한 공격성은 정당방위라는 성격을 갖지 않고 흡사 공격을 위한 공격, 파괴를 위한 파괴라는 악마적인 성격을 갖는다. 이 경우 파괴성이 발동되는 계기가 되는 대상이나 명분이 무엇이냐 하는 것은 부차적인 중요성을 가질 뿐이다. 비합리적인 파괴적인 충동은 인간 속에 깃들어 있는 하나의 격정이며 그것은 언제든지 자신을 분출할 수 있는 대상을 발견한다. 만일 어떤 이유로 말미암아 다른 사람들이 자기 자신의 파괴충동의 대상이 되지 않을 경우에는 그 자신이 대상이 되어 버린다. 사람들은 병에 걸리거나 자살까지 시도하게 되는 것이다. 이러한 종류의 잔혹성과 파괴성은 인류에게만 특유한 것이며 다른 포유동물에게는 존재하지 않는다.

프롬은 인간의 공격성에 대한 지금까지의 거의 모든 논의가 양성의 공격성과 악성의 공격성이란 두 종류의 공격을 구별하지 않았다는 점에서 근본적인 한계를 갖는다고 보고 있다.

이러한 두 가지 공격성은 전적으로 다른 성질을 가질 뿐 아니라 전혀 다른 원인을 갖는다는 것이다. 이런 맥락에서 프롬은 콘라드 로렌츠의 본능주의적 공격이론을 비판하고 있다. 로렌츠는 악성의 파괴적인 공격본능은 방어적인 공격본능이 여러 요인에 의하여 전화轉化된 것으로 보고 있다. 이에 대해서 프롬은 이러한 두 가지 본능 사이에 근본적인 단절이 존재한다고 보고 있다. 인간은 자신의 종에 속하는 무리를 아무런 생물학적인 이유도 없이 괴롭히고 죽이며 그러한 행동을 통해서 만족감을 맛볼 수 있는 유일한 영장류이다. 따라서 이러한 '악성의' 공격은 동물과의 생물학적인 연속성을 가정하는 것에 의해서는 설명될 수 없다.

● 악성惡性의 공격성과 파괴성이 갖는 인간적 기원

악성의 파괴적 공격성은 우리가 앞에서 본 인간에게만 고유한 본질적 특성과 그러한 본질적 특성 때문에 인간이 처하게 되는 특별한 상황 그리고 그러한 상황에 뿌리박은 인간 특유의 열정에서 비롯된다. 따라서 프롬은 사랑·동정·관심·책임감과 같은 생산적인 태도와 파괴·고문·지배·굴종과 같은 비생산적인 태도들을 성충동이나 파괴본능과 같은 본능을 상정함으로써 해석하려 하지 않고 인간이 동물과는 달리 이성과 자기의식을 갖는다는 사태로부터 이해하려고 한다. 즉 악은 본능적인 차원의 것이 아니라 정신적인 것이라는 말이다.

우리는 앞에서 인간의 근본적인 열정들에는 결합과 초월 그리고 지향의 틀과 헌신의 대상을 향한 열정들이 있다는 것을 보았다. 그러한 열정들을 실현하는 방식들 중 사랑과 창조적인 활동 그리고 합리적이고 인본주의적인 종교적인 태도와 같은 생산적인 방식은 보다 큰 힘과 기쁨, 자아의 통합과 생명력의 증대를 낳는 반면에, 증오와 지배나 복종 그리고 권위주의적 태도들과 같은 비생산적인 방식들은 생명력의 저하와 슬픔, 분열과 파괴를 낳는다. 프롬은 전자의 열정이나 태도를 생명지향적인 것으로 규정하며 후자를 생명을 파괴하는 것으로 본다.

그러나 우리가 보통 악이라고 부르는 후자도 전자와 마찬가지로 인간만이 처한 특유한 존재조건에 대한 주체적인 응답들이다. 가장 잔인하고 파괴적인 자까지도 성자聖者와 동일한 열정을 갖는 인간이지만, 그는 자신이 인간으로 태어났다는 도전에 대해서 보다 나은 해답을 발견할 수 없었기 때문에 비뚤어지고 병들게 된 인간이다. 이런 의미에서 악은 철저하게 인간적인 현상이다. 악은 인간이 자신의 존재조건에서 비롯되는 수수께끼를 해결하려는 몸부림이다. 그러나 그것은 자신의 의미를 깨달으려는 생명의 몸부림이면서도 오히려 생명을 파괴하고 육체와 정신을 파괴하며 다른 사람들뿐 아니라 자신까지도 파괴하는 몸부림이다.

인간은 천성적으로 선하지도 악하지도 않으며 인간에게만 특유한 열정들을 충족시키려고 하는 성향을 가지고 있을 뿐이다. 이러한 성향을 제대로 실현하지 못하여 고독감 및 무력감에 의해서 압도당하게 될 경우에 인간은 파괴성이나 권력 또는 복종을 열렬하게 추구하게 된다. 따라서 우리가 보통 악이라고 부르는 것은 인간에게만 특유한 열망들을 합리적으로 실현할 길이 막혔을 때 나타난다. 악은 그러한 열망들을 실현하는 왜곡된 방식인 것이다. 이 점에서 생명지향적인 열정이나 파괴적인 열정은 서로 무관하게 분리되어 있지 않고 긴밀하게 얽혀 있으며 양자는 일종의 반비례관계에 있다. 생명지향적인 열정이 제대로 실현되지 못할수록 파괴하려는 열정은 그만큼 강해지며, 또한 생명지향적인 열정이 실현될수록 파괴하려는 열정도 그만큼 약화되는 것이다.

개인 속에서 볼 수 있는 파괴성의 정도는 생명의 확장이 저지되는 정도에 비례한다. 이 경우 생명의 확장이 저지된다는 것은 이러저러한 본능적 욕구가 충족되지 못하는 것을 말하는 것이 아니라, 인간의 감각적·정서적·지적인 능력 전체의 자발적인 성장과 표현이 저지된다는 것을 의미한다. 파괴적인 행동은 이런 식으로는 도저히 살아갈 수 없다는 생명의 폭발에서 생겨나는 것이다.

프롬은 위와 같은 통찰을 또한 다음과 같이 표현하고 있다. 모든 생명의 특성 중의 하나는 늘 변화한다는 것이다. 이에 대해서 변화하지 않고 제자리에 고여 있는 생명은 죽음을 향한다. 고임이 완전하게 되면 벌써 죽음이 시작된 것이다. 따라서 생명은 어떻게든 정체상태로부터 벗어나려고 한다. 우리는 보다 강하게 되거나 약하게 되거나, 보다 어질게 되든가 보다 어리석게 되든가, 보다 용감하게 되든가 보다 비겁하게 되든가 둘 중의 하나를 선택할 수 있을 뿐이다. 모든 순간이 보다 좋은 방향으로 나아가거나 또는 보다 나쁜 방향으로 나아가는 결정적 순간이 된다. 우리가 사랑하거나 이성적으로 행위하는 순간 우리는 부활한다. 이에 대해서 나태나 탐욕 그리고 이기주의에 빠지는 순간에 우리는 몰락한다. 존재의 모든 순간에 우리들은 부활이냐 몰락이냐의 갈림길에 직면하게 된다.

프롬은 이러한 사실은 개인에 대해서뿐만 아니라 사회에 대해서도 타당하다고 본다. 사회는 결코 정태적靜態的이 아니다. 따라서 사회는 성장하지 않으면 쇠퇴한다. 만약 그것이 현재의 상태를 넘어서 보다 좋은 방향으로 나가지 않는다면 그것은 보다 나쁜 방향으로 나가게 된다. 우리는 보통 개인이나 사회나 어떤 상태에 그대로 머무를 수 있다고 생각한다. 그러나 프롬은 이것이야말로 가장 위험한 환상의 하나라고 말하고 있다. 우리가 멈추자마자 우리는 쇠퇴하기 시작한다는 것이다.

● 유토피아의 건설은 가능한가?
악성의 공격성을 본능으로 보지 않고 인간의 존재조건 자체에 뿌리박은 잠재적 가능성으로 보는 프롬의 견해가 타당하다면, 우리는 인간의 공격성을 과소평가하지 않으면서도 이상사회의 건설에 대한 희망을 포기할 필요가 없게 된다.

유토피아를 꿈꾸던 많은 사상가들은 그러한 유토피아가 단순한 공상이 아니라 현실이 될 수 있다는 주장을 뒷받침하기 위해서 인간의 파괴성과 잔혹성을 과소평가하지 않을 수 없었다. 그 결과 그들은 종종 인간을 지나치게 낙관적으로 고찰하는 경향이 있었다. 그들에 따르면 인간은 원래 선한데 그릇된 사회적 환경 때문에 타락하게 되었기 때문에 그러한 사회적 환경만 철폐하면 인간은 선한 본성을 회복하고 이상적인 사회를 건설할 수 있다는 것이다. 이러한 낙관론은 역사의 진행과정에서 철저하게 부정되었다. 그 결과 이러한 낙관론에 대해서 악성의 공격성을 인간의 선천적인 본능으로 보는 견해가 대두되었다. 이러한 비관론이 옳다면 이상사회의 건설은 불가능하며, 인간사회어는 항상 잔혹과 파괴가 존재할 수밖에 없을 것이다.

프롬은 이러한 낙관론과 비관론과는 달리 인간에게 존재하는 악성의 공격성이 단순히 사회적 환경의 산물이나 인간의 본능이 아니라 인간의 존재조건에 뿌리박은 잠재적 가능성이라고 보고 있다. 그것은 단순히 사회적 환경의 산물이 아니라 인간의 근본적인 존재조건에 뿌리박은 것이기 때문에 사회적 환경이 바뀐다고 하여 금방 사라질 수 있는 것이 아니다. 그 점에서 프롬은 악성의 공격성이 갖는 끈질김을 인정한다. 그럼에도 그것은 성욕과 식욕과 같은 본능이 아닌 하나의 잠재적인 가능성이기 때문에 우리는 그것이 현실화되는 것을 막을 수 있으며 그러한 악으로 향하는 에너지를 창조적이고 생명을 긍정하는 방향으로 유도할 수 있다. 악성의 공격성이 우리가 도저히 어쩔 수 없는 본능이 아닌 이상, 우리는 우리의 노력 여하에 따라서 평화로운 이상사회를 건설할 수 있는 것이다.

4

어떻게 살 것인가?

─프롬의 윤리학

1
성격과 윤리

우리는 앞에서 프롬이 사회적 성격에 대해서 말하는 것을 보았다. 프롬은 사람들의 사유와 행동은 이러한 사회적 성격에 의해서 크게 규정되어 있다고 본다. 이와 같이 프롬이 행하는 모든 분석에서는 그의 인간관 못지않게 성격이론이 전제가 되고 있다. 프롬은 인간은 약화된 본능 대신에 성격을 갖는다고 보고 있다. 우리 인간은 본능이 약화되었지만 그렇다고 하여 매사에 이성에 따라서 사고하고 행동하지는 않는다. 오히려 우리는 많은 경우 특정한 성격유형에 따라서 사고하고 느끼고 행동한다.

효과적인 행동을 하기 위해서는 지나치게 많이 생각하거나 의심하는 데 에너지를 써서는 안 되기 때문에 우리는 흔히 이미 고정되어 있는 특정한 방식으로 사고하고 느끼고 행동한다. 우리가 생각하고 느끼고 행동하는 특정한 방식을 규정하는 것이 성격이다. 이런 의미에서 우리는 사람들이 자신들의 성격에 따라서 '본능적으로 생각하고 느끼고 행동한다'고까지 말할 수 있다. 성격이란 인간이 상실하게 된 본능에 대한 대용품으로서 나타난 것이라고 볼 수 있다. 우리는 흔히 객관적으로 사고한다고 생각하지만 많은 경우 자신이 의식하지 못하는 성격의 지배를 받고 있는 것이다.

성격이 우리의 삶에서 차지하는 이러한 중요성 때문에 프롬은 올바른 윤리의 확립은 결국은 올바른 성격의 확립이란 문제로 귀착된다고 생각한다. 이와 함께 정신분석학적 성격이론에 입각하여 독자적인 윤리학을 개척하고 있다. 여기서는 프롬의 성격이론과 아울러 그가 이러한 성격이론을 토대로 하여 윤리학에 어떤 식으로 새로운 사유지평을 열고 있는지를 살펴볼 것이다. 프롬은 자신의 윤리학을 주로 『독립적인 인간: 윤리에 대한 심리학적 고찰*Man for Himself: An Inquiry into the Psychology of Ethics*』에서 전개하고 있다.*

---

* 이 책은 국내에서는 『자기를 찾는 인간』(박갑성, 최현철 역, 종로서적, 1989)으로 번역되어 있다.

2

생산적 성격과 비생산적 성격

우리는 '이성'이라든가 '합리적'이라는 용어를 보통 사고 과정에만 적용하는 반면에, 감정은 비합리적이라고 생각하는 경향이 있다. 그러나 프롬은 우리의 사고뿐 아니라 성격과 그러한 성격에 입각한 정열도 합리적인 것이 될 수 있다고 생각한다. 더 나아가 프롬은 우리의 성격과 그에 입각한 정서구조가 합리적일 때 우리는 합리적으로 사고할 수 있는 반면에, 우리의 성격과 정서구조가 비합리적일 경우에는 사고는 합리적인 논리의 외관을 쓰고서 그러한 왜곡된 성격과 정서구조를 미화하고 합리화하는 역할을 하기 쉽다고 생각한다.

어떤 사람이 행동하고 느끼고 생각하는 방법은 대체로 그 사람의 성격의 특수성에 의해 결정되는 것이지, 현실에 대한 이성적인 사려의 결과는 아니라는 것이다. 대부분의 사람들에게는 하나의 관념이나 판단은 실제로는 성격의 결과임에도 불구하고 단지 논리적 추리의 결과인 것처럼 보이기 때문에,

사람들은 세계에 대한 자신들의 태도는 자신들이 갖는 관념과 판단에 입각해 있다고 생각하는 경향이 있다. 그러나 이러한 확신은 사실은 그들의 성격 구조를 강화하는 역할을 할 뿐이다.

프롬은 성격을 크게 합리적이고 생산적인 성격과 비합리적이고 비생산적인 성격으로 구별하고 있다. 우리는 2장에서 프롬의 인간관을 살펴보면서 인간이 처한 근본적인 모순상황에서 비롯되는 열정들이 여러 가지 방법으로 충족될 수 있다는 사실을 보았다. 결합에 대한 열정은 다른 사람들에 대한 사랑과 친절에 의해서 충족될 수 있지만 다른 인간을 예속시키거나 다른 인간에게 예속되는 것에 의해서도 충족될 수 있다. 헌신의 대상에 대한 열정은 진정한 의미의 무한하고 절대적인 신과 이러한 신이 상징하는 사랑과 진리에 대한 헌신을 통해서 충족될 수 있지만 파괴적인 우상숭배에 의해서도 충족될 수 있다. 초월과 창조에의 열정은 사랑에 입각한 생산적인 활동을 통해서 충족될 수도 있지만 다른 인간을 억압하고 파괴하는 것에 의해서도 충족될 수 있다.

프롬은 인간의 근본적인 열정들이 충족되는 전자의 방식을 생산적 성격 내지 생명친화적인 성격이라고 부르고 있으며 후자의 방식을 비생산적이고 파괴적인 성격이라고 부르고 있다. 생산적 성격은 사랑, 연대, 정의, 이성을 지향하는 반면에, 비생산적 성격은 사디즘이나 마조히즘, 파괴성, 탐욕, 이기주의적인 자기애나 자신이 속한 혈연이나 지연에 대한 맹목적이고 배타적인 애정인 근친애를 지향한다.

프롬은 사랑, 연대, 정의, 이성은 서로 밀접하게 연관되어 있다고 보면서 그것들을 생명 증후군이라고 부르고 있는 반면에, 사디즘이나 마조히즘, 파괴성, 탐욕, 나르시시즘, 근친애 역시 서로 밀접하게 결합되어 있다고 보면서 그것들을 생명 저해 증후군이라고 부르고 있다. 프롬은 증후군 중의 하나가 발견될 때에는 그 증후군에 속하는 다른 요소들도 여러 가지 비율로 함께 존재하지만, 이것은 어떤 인간이 전자나 후자 어느 한편의 증후군에 의하여 전적으로 지배되고 있다는 것을 의미하지는 않는다고 말하고 있다. 그러한 사람들은 예외적이며, 사람들에게는 보통 양쪽의 증후군이 함께 존재한다.

프롬은 이렇게 한 인간에게는 두 개의 증후군이 함께 존재한다는 사실을 인정하지만 그렇다고 하여 인간이 두 개의 증후군들 중에서 마음에 드는 것들만을 골라서 임의로 혼합하는 것은 불가능하다고 말하고 있다. 각 증후군을 구성하는 성질들은 서로 하나의 구조를 형성하고 있기 때문에 각 증후군에서 좋아하는 성질만을 골라내어 그것을 다른 증후군의 좋아하는 성질과 결합하는 것은 불가능하다는 것이다.

개인적인 생활뿐만 아니라 또한 사회생활도 역시 특정한 방식으로 구조화되어 있기 때문에 우리의 선택은 어떤 증후군 전체의 선택이 될 수 있을 뿐 두 증후군 모두에서 선택된 일부 성질들의 혼합이 될 수는 없다는 것이다. 그러나 대부분의 현대인들이 바라는 것은 공격적이고 남과 경쟁하기를 좋아하면서도 동시에 애정과 동정심이 깊고 화해를 추구하는 인물이다. 또한 사람들이 바라는 사회는 소비 물자를 가능한 한 많이 생산하면서 최대한의 소비를 허용하고 군사력과 정치력을 최대한도로 증강시키면서도 평화와 문화 및 정신적 가치도 증대하는 사회이다. 프롬은 이러한 소망은 비현실적이라고 생각한다.

3

성격과 사회

　프롬은 사람들의 성격구조는 사회적 환경에 따라서 변화한다고 생각한다. 이와 함께 프롬은 생명친화적인 증후군의 발달을 촉진하는 특정한 사회적 환경이 있다고 생각한다. 이러한 사회적 환경이 결여되어 있을 경우 각 개인은 자신의 생존을 위해서 생명을 저해하는 증후군을 발달시키게 되며 정신적으로 불구가 된다.

　프롬은 인간의 생산적인 성향이 지금까지 제대로 실현되지 않은 주요한 이유를 사회적 환경에서 찾고 있다. 인간 역사의 대부분을 통해서 사회적 환경은 인간의 생산적 성향의 발전을 가로막아 왔다는 것이다. 따라서 프롬은 인간의 잠재적인 능력을 완전히 실현하는 것을 가능하게 하는 환경적 조건의 실현이 절실하게 요청되고 있다고 생각한다. 프롬은 이와 관련하여 파괴적이거나 잔혹한 사람이 그와 같이 된 것은 상당 부분 그 자신이 살고 있는 사회적 환경에 적응하기 위해서 불가피했던 것이라고 본다. 따라서 그러한 사람의 성격과 그를 지배하는 정열은 인간이 갖는 잠재적인 가능성이란 관점에서 볼 때는 비합리적이지만, 그 사람이 살고 있는 특정한 사회적 환경의 관점에서 보면 나름대로의 합리성을 가지고 있다는 것이다. 예를 들어서 나치즘이나 스탈린주의가 지배하는 환경에서 사람들은 그 사회에서 생존하고 출세하기 위해서 파괴적인 성격과 열정을 개발해야 한다.

그러나 프롬이 이렇게 사회적 환경이 한 인간의 성격에 대해서 갖는 영향력을 강조한다고 해서 개인의 성격이 그가 살고 있는 사회적 환경에 의하여 결정된다는 사회학주의적인 명제를 주장하고 있다고 생각해서는 안 된다. 사회의 변화 자체는 인간 자신에게 잠재적으로 존재하는 근본적 열망에 의해서도 규정된다.

예를 들어 프랑스 혁명 당시의 중산계급은 봉건적인 속박을 타파하면서 자유로운 경제활동을 가능하게 하려고 했다. 언뜻 보기에는 그들은 자신들의 계급적인 이해에 따라서만 움직이는 것처럼 보이지만 그들은 또한 인간 모두에게 고유한 자유를 향한 열망에 의해서도 움직여지고 있었다. 혁명이 성공한 후에 대부분의 사람들은 경제활동의 자유라는 협소한 의미의 자유에 만족했지만, 양식 있는 부르주아들은 부르주아적인 자유의 한계를 자각하면서 자유를 향한 인간의 근본적인 열정을 충족시킬 수 있는 사회를 지향했다.

자유를 향한 열망은 인간의 본성에 깊이 뿌리박고 있는 것이며, 바로 그 때문에 그것은 이집트에서의 히브리인이나, 로마의 노예, 자본주의 하에서의 노동자들의 이상이 될 수도 있었다. 다른 한편으로 정의와 평등을 향한 열망 역시 인간 존재에 깊이 뿌리박혀 있다. 바로 이러한 이유 때문에 비록 어떤 사회 전체가 비인간적으로 되었다고 하더라도 그러한 사회에 대해서 저항하는 사람들이 있게 마련이다. 이는 인간은 단지 특정 사회의 일원일 뿐만 아니라 인류의 일원이기도 하기 때문이다.

인간은 그 사회 집단으로부터 완전히 고립되는 것을 두려워하지만, 동시에 자신의 내부에 깃들어 있는 보편적인 인간성으로부터 분리되는 것도 두려워한다. 인간이 얼마나 인간적인지는 그 사람이 어느 정도로 자신이 속하는 사회의 한계를 초월하여 세계 시민이 될 수 있는지에 달려 있다고 할 수 있다. 어떤 사회가 인간적이면 인간적일수록 개인이 사회로부터 분리되느냐 아니면 인류 전체의 인간성으로부터 분리되느나를 선택할 필요성이 적어진다. 사회의 목표와 인간성의 목표 사이의 갈등이 커질수록, 개인은 이러한 비극적인 대립 속에서 번민하게 된다.

4

정신분석학과 윤리학

프롬은 자신의 성격이론이 윤리학적인 문제를 해결하는 데 크게 기여할 수 있다고 생각하며 더 나아가 윤리학은 정신분석학적인 성격이론을 도입할 경우에만 윤리학적인 문제들을 제대로 해명할 수 있다고 생각한다.

많은 윤리적인 용어들이 동일한 말이라도 다른 의미로 쓰이거나 서로 모순되는 태도들을 가리키기 위해서 쓰이는 경우가 많다. 윤리적인 용어들이 갖는 이러한 애매모호한 성격은

그러한 용어들이 성격구조와 관련되어 이해될 경우 사라진
다. 예를 들어서 사디즘적이거나 마조히즘적인 성격에게 '사
랑'이란 서로 지배하거나 복종함으로써 상대방에게 의존하는
종속관계를 의미할 뿐 평등한 관계에 입각한 상호 간의 애정
과 존경을 의미하지 않는다.

이와 관련하여 프롬은 윤리적이고 정치적인 중요한 개념들
을 둘러싼 많은 지적인 혼란은 이러한 개념들이 그것들을 사
용하는 사람들의 성격유형에 따라서 위와 같이 완전히 다른
의미를 가질 수 있다는 데서 비롯된다고 본다. 따라서 프롬은
그러한 혼란은 이러한 개념들의 의미를 심리학적으로 올바르
게 분석하는 것에 의해서 비로소 극복될 수 있다고 생각한다.
이런 맥락에서 프롬은 윤리학의 근본문제는 사랑이나 정의와
같은 규범들을 이론적으로 정당화하거나 왜 인간은 도덕적이
어야 하는가 등의 문제들을 논리적으로 따져 들어가는 것이
아니라 사랑과 정의 그리고 용기와 같은 윤리적인 용어들이
지향하는 진정한 사태를 드러내 보여주는 것이라고 생각한다.

위에서 본 것처럼 사디즘적이거나 마조히즘적인 성격의 소
유자들 역시 사랑이나 정의라는 규범을 부정하지 않는다. 이

들 역시 인간은 도덕적으로 살아야 한다고 생각한다. 그럼에
도 그들은 그러한 개념들을 자신들의 성격과 그러한 성격에
서 비롯되는 불합리한 정열을 정당화하는 의미로 받아들인
다. 따라서 프롬은 사랑이나 정의나 용기와 같은 중요한 가치
들의 진정한 의미를 드러내기 위해서는 그러한 가치들이 왜
곡되지 않은 방식으로 나타나는 성격구조에 대한 해명이 필
수적이라고 생각한다. 이런 의미에서 프롬은 윤리학의 발전
을 위해서는 정신분석학적인 심리학이 필수불가결하다고 생
각한다.

윤리학에 대해서 심리학이 갖는 이러한 지대한 의의에 비
추어 볼 때 프롬은 윤리적인 문제의 해결에 정신분석학이 발
견한 사실들을 적용하려는 철학적인 시도나 심리학적 시도가
거의 없었다는 점에 대해서 의아해 한다. 프롬은 프로이트 이
전의 심리학이 실험적으로 관찰될 수 있는 개별적인 심리현
상들만을 연구한 반면에, 프로이트의 정신분석학은 처음으로
인간의 인격 전체를 문제 삼았다고 보며 바로 이 때문에 정신
분석학은 윤리학에 크게 기여할 수 있다고 생각한다.

초기의 연구에서 프로이트는 주로 신경중에 흥미를 가졌으

나 연구가 심화되면서 신경증은 그 증상을 낳는 성격 구조를 이해하는 것을 통해서만 제대로 설명될 수 있다는 사실을 깨닫게 되었다. 이와 함께 신경증보다는 신경증적인 '성격'이 정신분석학의 이론이나 치료의 주요한 대상이 되었다. 성격 연구를 수행하면서 프로이트는 최근 수세기 동안 심리학이 소홀히 해왔으며 단지 소설가나 극작가의 과제로 남겨 두었던 성격학性格學을 위한 새로운 기반을 마련한 것이다.

이렇게 프롬은 프로이트의 정신분석학이 갖는 공적을 인정하면서도 다른 한편으로는 그것의 한계도 지적하고 있다. 프로이트와 그의 학파는 인간에 대한 이해를 크게 확대시킨 반면, 인간은 어떻게 살아야 하고 무엇을 해야만 하는가 하는 올바른 규범을 제시하는 데는 기여하지 못했다는 것이다. 프로이트 학파는 인간의 본능적인 욕망을 억압하는 전통적인 가치와 규범이 갖는 불합리한 성격을 폭로하여 윤리 사상의 발전에 지대한 공헌을 했지만, 인간의 성장에 도움이 되는 윤리 규범을 제시하는 데는 실패했다. 프로이트 학파는 가치와 규범에 대해서 그것들이 사회와 시대에 따라서 달라진다고 보는 상대주의적인 입장을 취했다. 프롬은 이러한 상대주의적인 입장은 윤리학의 발전뿐 아니라 심리학의 발전에도 부정적인 영향을 끼쳤다고 생각한다.

프롬은 프로이트의 정신분석학이 심리학을 하나의 자연과학으로 만들기 위해 철학과 윤리학에서 심리학을 분리시키는 잘못을 저질렀다고 생각한다. 그것은 인간을 전체적으로 고찰하려고 했으면서도 인간이 존재의미와 타당한 규범들을 갖기 위해서 발버둥치는 존재라는 사실을 간과했다. 이런 의미에서 프롬은 프로이트가 파악한 인간은 구체적인 인간과는 다른 비현실적인 추상물이라고 평가하고 있다.

가치와 윤리적인 문제가 인간에게 갖는 의의를 이해하지 못할 경우, 인간과 인간의 정서적이며 정신적인 장애에 대해 이해하는 것은 불가능하다. 프롬은 심리학의 발전은 소위 '정신적인spiritual' 영역과 '자연적인natural' 영역을 분리시켜서 자연적인 영역에 주의를 집중하는 것에 의해서가 아니라, 인간을 자연과 정신의 통일체로서 고찰하는 인본주의 윤리학의 훌륭한 전통으로 복귀하는 것에 의해서 가능하다고 생각한다.

이런 의미에서 프롬은 심리학과 윤리학을 분리시키지 않았던 플라톤이나 아리스토텔레스, 스피노자와 마르크스와 같은 과거의 위대한 인본주의 윤리 사상가들을 프로이트보다도 더 높이 평가하고 있는 셈이다. 그들은 인간의 본성과 심리에 대한 이해가 가치 및 규범에 대한 이해와 서로 불가분리의 관계에 있다고 생각했으며, 종교적인 계시와 같은 것에 의존하지 않고 오직 이성의 힘에 입각하여 인간과 인간의 행복에 대해서 밝히려고 했다.

프롬은 인본주의 윤리학의 이러한 전통은 소크라테스와 플라톤 그리고 아리스토텔레스에서 시작하여 르네상스까지 계속되었고 계몽주의 시대에 최고조에 달했다고 본다. 계몽주의 시대의 철학자들은 영혼을 탐구하는 심리학자이기도 했으며 그들은 인간 이성을 신뢰하면서 미신이나 무지로부터의 독립뿐 아니라 정치적 속박으로부터의 독립까지도 주장하였다. 인본주의 윤리학은 인간을 이성적이며 주체적인 인격으로 성숙시키면서 진정으로 행복한 인간으로 형성하는 데 관심을 갖는다.

프롬은 정신분석학적인 통찰을 수용함으로써 이러한 인본주의적인 윤리학의 전통을 심화시키려고 한다. 아래에서 우리는 프롬이 생각하는 인본주의적 윤리가 무엇인지를 그것의

반대극인 권위주의적인 윤리와 대비시키면서 분명히 하려고
한다.

5

권위주의적 윤리와 인본주의적 윤리

● 권위주의적 윤리와 인본주의적 윤리

권위주의적 윤리는 무엇이 선하고 악한가를 인식하는 인간
의 능력을 부정한다. 규범을 부여하는 것은 개인을 초월하는
권위이다. 이러한 권위는 복종하는 자가 권위에 대해서 갖는
경외와 그의 나약하고 의존적인 감정에 기반을 둔다. 권위주
의적 윤리에서는 '순종이 최대의 미덕이며 불복종이 최대의
죄악'이라고 규정된다.

이에 대해서 인본주의적 윤리는 인간을 초월하는 권위가 아
니라 오직 인간만이 미덕과 죄의 기준을 결정할 수 있다는 원
칙에 입각해 있다. 그리고 그것은 인간을 위해 선한 것이면

'선'이고 인간에게 유해한 것이 '악'이라는 원리에 입각한다. 즉 유일한 윤리적 가치 기준은 인간의 행복인 것이다. 이 점에서 인본주의적 윤리는 인간 중심적이다. 물론 그것은 인간이 우주의 중심이며 다른 존재자들을 자기 마음대로 다루어도 좋다는 의미는 아니다. 그것은 오히려 인간은 세계 안의 한 존재로서 세계와 밀접하게 얽혀 있기 때문에 세계와 다른 존재자들을 위할 때 자신의 존재도 진정하게 위하게 된다고 믿는다. 인간이 자신을 세계의 주인이라고 자부하면서 세계를 황폐화해도 좋다고 생각하는 것은 인간 자신의 생존기반을 파괴하는 어리석음에 지나지 않는다.

프롬은 권위주의적 윤리는 인간이 처한 근본적인 상황에서 비롯되는 고독감과 무력감에서 손쉬운 방식으로 벗어나려는 시도에서 비롯된 것으로 본다. 인간은 자신이 우연히 세계에 내던져 있다고 느끼면서 자신의 무력함과 한계를 깨닫는다. 무엇보다도 인간은 자신이 죽음으로부터 피할 수 없다는 사실을 알고 있다. 인간은 이러한 유한성을 여러 가지 관념을 통해서 부정하려고 노력해 왔다.

예를 들어 그리스도고의 영혼불멸사상은 영혼을 불사의 것으로 가정하고 이러한 영혼은 전능한 신을 믿음으로써 영원한 지복을 누릴 수 있다고 생각하면서 인간의 삶이 죽음으로 끝난다는 비극적인 사실을 부정하고 있다. 혹은 사람들은 자신들이 살고 있는 역사적인 시대야말로 인류가 희구해온 유토피아가 실현되는 시대라고 생각함으로써 자신들의 무력감에서 도피하려고 한다. 또 다른 사람들은 인생의 의미는 각 개인의 삶의 완전한 전개에 있지 않고 사회에 대한 봉사와 사회적 의무의 완수에서 찾을 수 있다고 주장한다. 이러한 다양한 입장들은 개인의 발전과 자유와 행복은 개인을 초월하는 영원하고 강력한 힘을 상징하는 권위에 비하면 중요하지 않다고 주장한다.

이에 반해 프롬은 인간의 문제에는 오직 단 하나의 해결책만이 있을 뿐이라고 생각한다. 그것은 인간의 운명에 무관심한 우주 속에서 인간은 본래 혼자이며 고독하다는 사실을 인정하면서 인간 대신에 인간의 문제를 해결할 수 있는 어떠한 초월적인 힘도 없다는 사실을 인정하는 것이다. 인본주의적 윤리는 이러한 입장에 입각하여 인간 자신이 규범의 부여자인 동시에 규범이 적용되는 대상이라고 생각한다.

프롬은 인본주의적 윤리가 자칫 상대주의적인 입장으로 전락할 수 있다고 우려한다. 인간에게 좋은 것이 선이라고 할 경우 사람들은 자신의 욕망이 원하는 모든 것을 선이라고 생각할 수 있다. 사실 인본주의적 윤리의 어떤 학파는 가치 판단의 객관적인 기준은 없으며 선이란 각 개인에게 쾌락을 주는 것이요, 악이란 각 개인이 혐오하는 것이라고 주장한다. 이러한 입장에서는 쾌락 자체가 가치의 시금석이지 가치가 어떤 쾌락이 좋은 것인지를 평가할 수 있는 쾌락의 시금석이 아니다. 우리는 이러한 학파를 윤리적 쾌락주의라고 부를 수 있을 것이다. 그러나 자유가 아니라 복종을 즐기며, 사랑이 아니라 증오에서 또한 생산적 일이 아니라 착취에서 쾌락을 얻는 사람들이 있기 때문에, 쾌락 자체가 어떠한 행위가 선하고 악한 것인지를 평가할 수 있는 기준이 될 수는 없다.

그럼에도 프롬은 쾌락주의는 권위주의적 윤리에 비하면 하나의 커다란 장점을 가지고 있다고 생각한다. 이러한 장점이란 쾌락주의가 인간 자신의 쾌락을 유일한 가치기준으로 봄으로써, 인간에게 무엇이 선인지에 대해서 반성할 수 있는 기회를 충분히 주지도 않고 '무엇이 인간에게 선인지'를 결정하는 것을 권위를 가진 자에게 맡겨왔던 권위주의적인 윤리에 대항한 점이다. 따라서 고대 그리스나 로마, 근현대의 서양에서 인간의 행복에 대해 관심을 가졌던 진보적 사상가들이 쾌락주의 윤리를 주창한 것은 놀라운 일이 아니다. 이러한 장점에도 불구하고 쾌락주의는 객관적으로 타당한 윤리적 판단을 위한 기초를 제시할 수는 없다는 약점을 갖는다.

프롬은 우리가 인본주의의 입장에 서면서도 모든 인간에게 객관적으로 타당한 가치판단의 규범을 세울 수 있다고 생각한다.

인본주의적 윤리에서 '선'이란 인간에게 이로운 것이며 '악'이란 인간에게 해로운 것임을 뜻하는데, 인간에게 선한 것이 무엇인가를 알기 위해서는 우리는 먼저 인간의 본성을 알아야만 한다. 이 점에서 인본주의적 윤리는 이론적인 '인간학'에 기초를 둔 '삶의 기술'이라고 할 수 있으며 따라서 일종의 '응용과학'이다. 그런데 이러한 삶의 기술이야말로 가장 중요하면서도 동시에 가장 어려운 기술이다. 그것은 어떤 전문적인 작업을 수행하기 위한 기술이 아니라 삶을 제대로 수행하기 위한 기술이며, 달리 말하면 인간 안에 잠재적인 가능성으로 존재하는 것을 발전시키는 기술이다. 삶의 기술에서 인간은 기술자인 동시에 또한 기술의 대상이기도 하다. 인간은 조각가인 동시에 대리석이며 의사인 동시에 환자이기도 하다.

우리 시대의 대부분의 사람들은 읽기와 쓰기는 배워야 할 기술이며 건축가, 공학자, 숙련된 기술자 등이 되려면 상당한 학습을 해야 되지만, 삶기란 극히 단순한 것이어서 올바르게 사는 방법을 배우는 데는 특별한 노력이 필요하지 않다고 믿고 있다. 이렇게 믿는 것은 사람들이 행복하게 되는 것은 별다른 노력이나 기술이 필요하지 않으며 사회적으로 성공하고 돈과 명성과 권력을 갖게 되면 자연히 따라온다는 사회적 통념에 사로잡혀 있기 때문이다. 그러나 프롬은 인간은 돈이나 명성 혹은 권력을 통해서 행복해지는 것이 아니라 인간 본성의 법칙에 따라 자신의 능력을 전개시킬 경우에만 행복할 수 있다고 생각한다.

이렇게 생각하는 점에서 프롬은 플라톤이나 아리스토텔레스 그리고 스피노자와 같은 사람들의 생각을 계승하고 있다. 플라톤과 아리스토텔레스는 주관적인 쾌락의 체험은 어떤 행동이 선한지에 대한 기준이 될 수 없다고 보면서 '인간의 본질적인 능력을 발휘하는 행동과 그것에 수반되는 쾌락'만이 진정으로 인간에게 좋은 것이라고 생각한다. 그렇지 않은 쾌락은 일시적으로는 좋은 것으로 느껴질지 모르지만 인간에게 파괴적으로 작용한다는 것이다. 스피노자 역시 선을 '신이 우리에게 부여해 준 인간 본성의 모형에 점차 가까이 접근하는 것'이라고 이해하며 진정한 의미의 행복은 그러한 인간 본성을 실현하는 올바르고 유덕한 생활을 통해서만 보장된다고 생각했다.

이러한 사람들의 입장에서 볼 때 행복은 미덕에 대한 보상이 아니라 미덕 그 자체이다. 인간은 지혜, 용기, 절제, 사랑과 같은 미덕을 구현함으로써 자신의 인간본성을 실현할 때에야 자신에 만족하고 행복할 수 있는 것이다. 또한 이러한 입장에서는 우리가 욕망을 억누르기 때문에 행복을 즐기는 것이 아니라 도리어 행복을 즐기기 때문에 욕망을 억누를 수 있다. 마음이 평온하고 두려움이 없으며, 지속적이며 평온한 만족을 위해서 당장의 쾌락을 거부할 수 있는 신중하고 통찰력 있는 사람만이 '진정한' 쾌락을 획득할 수 있는 것이다. 이런 의미에서 에피쿠로스와 같은 사람은 자기가 생각하는 진정한 쾌락은 극기나 용기, 정의, 우정이라는 미덕과 일치한다는 사실을 보여주려고 했다.

행복은 생리적이거나 심리적인 불만족에서 비롯되는 탐욕의 충족에서 비롯되는 것이 아니다. 행복이 그와 같은 것이라면 사람들은 행복하기 위해서는 일단은 불행하고 불만족스러워야 한다는 역설이 발생할 것이다. 행복은 모든 생산적인 사고와 감정과 행동에 수반되는 것이다. 행복이란 것은 인간이 인간 존재의 문제에 대한 진정한 해답을 발견했다는 사실의 징표이다. 그리고 그러한 해답은 바로 인간이 자기의 잠재력을 생산적으로 실현하는 것이다. 행복한 자란 그러한 잠재력을 생산적으로 실현하는 삶의 기술이 탁월한 자이며, 인본주의적 윤리에서 의미하는 미덕인 사랑과 이성 등을 제대로 구현하는 자를 의미한다.

우리가 앞에서 검토한 윤리적 쾌락주의는 쾌락의 본질을 충분히 분석하지 못했다고 할 수 있다. 그것은 쾌락을 인생에서 가장 가치 있는 것으로 간주하면서도 그것을 얻는 것을 지극히 쉬운 것으로 생각했다. 그러나 가치 있는 것을 실현한다는 것은 결코 쉬운 일이 아니다. 쾌락주의의 이러한 과오 때문에 자유와 행복에 반대하고 쾌락을 부정하는 것이 바로 선善의 증거라고 주장하는 권위주의적 윤리가 득세할 수 있었다. 인본주의적 윤리 역시 쾌락주의적 윤리와 마찬가지로 행복과 기쁨을 최고의 가치라고 생각하지만, 그것을 성취하기 위해서 요구되는 인간의 생산적 능력의 완전한 개발이란 쉬운 것이 아니며 인간의 끊임없는 각성과 노력이 필요하다고 생각한다.

이러한 인본주의적인 윤리의 입장에서 프롬은 프로이트의 신경증(노이로제) 이론을 재해석하고 있다. 프로이트는 성적인 에너지를 억압하는 것이 신경증적인 불안의 원인이 될 수 있다는 사실을 드러냄으로써 성욕의 충족이 갖는 중요성을 드러내었다. 프로이트는 성욕의 충족이 갖는 중요성을 과대평가하고 있지만, 그의 학설은 인간은 자신이 지니고 있는 생산적 에너지를 사용하지 못하게 되면 정신적인 병에 걸리고 불행하게 된다는 사실을 상징적으로 표현하는 것이라고 볼 수 있다. 인간은 성적인 에너지와 같은 생리적인 능력뿐만 아니라 정신적인 능력을 사용하지 못하면 불행하게 되는 것이다.

예를 들어 인간은 말하고 생각할 수 있는 능력을 부여받았다. 이러한 능력들이 저지당한다면 그 사람은 심한 상처를 입게 될 것이다. 또한 인간은 자신과 아울러 모든 존재자를 사랑할 수 있는 능력을 지니고 있다. 인간이 동료 인간과 다른 존재자들을 사랑하는 것은 결코 인간을 초월하는 현상이 아니며 인간이 본래 가지고 있고 인간에게서 우러나는 힘이다. 사랑은 인간이 하기 싫어도 해야만 하는 외부에서 부과된 의무가 아니라 인간이 그것을 통해 세계와 관계를 맺고 세계를 진정한 의미에서 자기 것으로 동화하는 인간 자신의 힘인 것이다. 만일 이러한 능력을 사용할 수 없다면 그러한 능력은 자신과 타인들을 파괴하는 데 사용되고 인간은 고통과 불행에 빠지게 될 것이다.

이와 관련하여 프롬은 신경증이란 인간이 생산적으로 완전하게 살아가는 데 실패한 데서 생기는 것일 뿐이라고 주장하고 있다. 신경증은 인간의 타고난 능력과 그 능력의 개발을 방해하는 세력 사이에서 벌어지는 갈등에서 빚어진다. 신경증도 역시 신체적 질병의 증상과 마찬가지로 인격의 건강한 부분이 그것의 발휘를 저해하려는 비뚤어진 영향력을 물리치려는 투쟁의 표현이다.

사람들은 흔히 행복을 비애나 고통이 전혀 존재하지 않는 상태라고 생각한다. 그러나 육체적 고통이나 정신적 고통은 인간 존재의 일부이며 인간은 그것에서 피할 수 없다. 진정한 의미에서 행복한 인간은 비애나 고통이 없기를 바라지 않고 그러한 비애나 고통에도 불구하고 정신적인 평정을 유지할 수 있는 인간이다. 따라서 행복의 반대는 비애나 고통이 아니라 내적인 빈곤과 비생산성의 결과로서 나타나는 우울증이며, 비애나 고통에 의해서 지배될 뿐 아니라 매사에서 비애와 고통을 느끼는 허약한 상태다.

● 권위주의적 양심과 인본주의적 양심

윤리적 입장에 권위주의적 윤리와 인본주의적 윤리가 있는 것처럼 프롬은 각각에 상응하는 윤리적 양심이 있다고 생각한다. 우리가 위에서 본 사랑, 정의, 희생과 같은 아름다운 용어들이 사람들의 성격과 그 성격에 상응하는 윤리적 입장에 따라서 상이한 의미를 갖는 것처럼, 양심이란 용어도 항상 동일한 의미를 갖지는 않는다.

양심은 그것이 권위주의적 양심이든 인본주의적 양심이든

일종의 인식이지만 그러한 인식은 추상적인 사고의 차원에서 이루어지는 인식 이상의 것이다. 양심은 감정적인 성질을 가지고 있다. 양심은 인격 전체의 반응이다. 따라서 우리의 인격이 왜곡되어 있을 경우에는 소위 양심의 소리라는 것도 왜곡되어 있을 수 있다. 예를 들어 히틀러 숭배자는 히틀러의 명령에 따를 때 자신의 양심에 따른다고 생각한다.

권위주의적 양심이 따르는 여러 가지 규범은 권위들에 의해 결정된다. 우연히도 이러한 규범이 선한 것이면 양심은 선한 방향으로 우리를 인도할 것이다. 그러나 그것은 선하기 때문에 양심의 규범이 되는 것이 아니라, 권위가 부여해 준 규범이기 때문에 양심의 규범이 된다. 권위주의적 윤리는 보통 인간은 원래 파괴적이며 이기적이라고 보며, 윤리적 행동이란 천성적인 사악한 욕구들을 억제하는 것이라고 본다. 인간은 자신에 대한 감시인이 되어야 한다. 인간은 우선 자신의 본성이 악하다는 것을 깨닫고 강한 의지력을 발동하여 천성적인 악한 성향과 투쟁해야만 한다는 것이다. 이와 같이 권위주의적 윤리는 인간은 원래 악하기 때문에 자신과 혹독한 투쟁을 해야만 선하게 될 수 있다는 생각에 사람들을 물들게 하였다. 그러나 프롬은 그러한 투쟁과 억압의 효과는 그것에 대한 옹호자들이 믿는 것보다는 훨씬 적다고 말하고 있다.

인본주의적 윤리에서는 윤리적인 문제는 악을 억제하느냐 아니면 악에 탐닉하느냐 하는 것이 아니라고 본다. 억압과 탐닉 양자는 모두 다른 종류의 속박에 지나지 않으며 진정한 윤리적인 문제는 악을 억압하고 악에 탐닉하는 태도와 생산적이고 창조적인 태도 중에서 하나를 택하는 것이다. 인간을 악하다고 보는 사고방식은 인간이 원래 악하다는 사실에서보다는 오히려 인간을 불구로 만드는 권위주의적 정신에 의해서 조장된 것이다. 인본주의적 윤리는 인간을 원래 악하다고 보는 것이 아니라 인간은 생산적이고 생명친화적인 잠재력을 타고났다고 보며 그러한 타고난 원초적인 잠재력을 생산적으로 발휘하는 것이 문제라고 본다. 물론 우리가 사랑과 책임, 용기, 절제와 같은 미덕을 지니기 위해서는 끊임없는 자기성찰이 필요한 것이지만, 그것은 흡사 악한 죄인을 가두어 놓고 감시하는 식의 경계와는 다르다.

권위주의적 윤리는 규범에 대한 무조건적인 복종을 요구하면서도 인간을 그러한 규범에 항상 저촉할 수밖에 없는 악한 존재로 보기 때문에, 권위주의적 윤리는 인간이 자신에 대한 긍지나 자신감보다는 죄책감을 가질 것을 요구한다. 권위주의적 양심이란 죄의식에 사로잡히고 자신을 자학하는 양심인 것이다. 따라서 죄의식은 보통 권위주의적 양심에 의해서 의식적으로 체험되는 것이지만 그렇다고 하여 그것은 인본주의적 양심에 죄의식이 없다는 것을 의미하지는 않는다. 이러한 죄의식은 자신에 대한 의식적인 자책이라기보다는 자신의 존재에 대한 불안과 권태라는 방식으로 나타나거나 무의식적인 죄책감으로 나타난다.

프롬은 이러한 불안의 한 형태를 자신의 인생을 낭비해 버린 사람들이 보이는 죽음에 대한 비합리적인 공포에서 찾고 있다. 그것은 모든 인간은 죽어야만 한다는 사실에 대한 정상적인 공포가 아니라, 사람들을 끊임없이 사로잡는 죽음에 대한 전율이다. 죽음에 대한 그러한 비합리적인 공포는 자신이 인생을 낭비해 버렸으며 자신의 능력을 생산적으로 사용하지 못했다는 사실에 대한 죄책감의 표현이다. 어떤 사람들은 비난받는 것에 대해 불합리한 공포를 갖는데 이것 역시 그 사람이 갖는 무의식적인 죄의식 때문이라고 볼 수 있다. 만일 인간이 생산적으로 살지 못하기 때문에 자신을 시인할 수 없다면 그는 자신이 자신에 대해서 해야 할 시인을 타인의 시인으로 대체하게 되며 그 결과 타인이 자신을 어떻게 평가할지에 대해서 과민한 반응을 보이게 되는 것이다.

이렇게 볼 때 권위주의적 양심은 사실은 인본주의적 양심에 근거하면서도 인본주의적 양심을 은폐하면서 그것의 소리를 듣지 못하게 하는 기능을 한다. 사람들은 의식적인 차원에서는 자신이 권위를 기쁘게 하지 못했다는 것에 대해서 죄책감을 느끼지만, 무의식적인 차원에서는 자신의 본질적 가능성을 제대로 구현하지 못한 것에 대해서 죄책감을 느끼는 것이다. 그럼에도 사람들은 의식적인 차원에서 경험하는 죄책감에 사로잡힘으로써 무의식적인 차원의 진정한 죄책감을 망각한다.

프롬은 이러한 사실을 입증하는 예로 음악가가 되려고 했지만 자기 아버지의 바람에 따라 사업가가 된 사람을 들고 있다. 그런데 그는 사업에 성공하지 못했고 아버지는 아들의 실패에 대해 실망감을 보였다. 이에 따라 그는 아버지를 만족시키지 못한 것에 대해서 죄책감을 느끼게 된다. 그의 죄책감은 사실은 자신이 아버지에게 복종함으로써 자신의 길을 걷지 못했다는 데서 기인하는 것이다. 그러나 그가 의식 차원에서 갖는 죄책감은 자기 자신에 대한 죄의식을 완전히 은폐하여 그로 하여금 그것을 전혀 깨닫지 못하게 한다. 사람들은 보통 권위주의적 양심에 사로잡혀서, 아버지를 실망시킨 것에 대해서 죄책감을 느끼는 것은 사리에 맞는 일이지만 자기 자신을 무시하는 일에 대해서는 죄책감을 느낄 필요가 없다고 생각하는 것이다.

6

보편윤리와 사회윤리

프롬은 인본주의적 양심과 권위주의적 양심 간의 차이는 권위주의적 양심이 문화적인 전통에 의해 형성되지만 인본주의적 양심은 선천적이고 불변적으로 존재한다는 데에 있는 것이 아니라는 사실을 강조하고 있다. 인본주의적 양심 역시 언

어나 사고 능력과 유사하게 인간의 본래적인 잠재적인 가능
성이지만, 그것이 사람들을 사로잡는 현실적인 힘으로 나타
나기 위해서는 오랜 역사가 필요했다.

인류는 지난 5-6천 년 동안의 문화 발전을 통해서 개인 각
자의 양심이 지향해야 하는 윤리적인 규범들을 형성했다. 그
런데 그러한 윤리적 규범들을 정당화하는 종교적·철학적 체
계가 갖는 이해관계 때문에 각 체계의 대표자들은 그것들 간
의 공통적인 핵심보다는 오히려 차이를 강조하는 경향이 있
었다. 그러나 프롬은 각 체계들의 차이는 각 체계가 형성되어
나온 특수한 역사적·사회적·경제적·문화적 체계의 소산인
반면에, 공통적인 핵심은 인류의 보편적인 본성과 관련되기
때문에 공통되는 요소들이 그러한 차이들보다 훨씬 더 중요
하다고 생각한다.

이런 맥락에서 프롬은 인류 전체에게 타당한 '보편적 윤리'
와 특정한 사회에서만 타당한 '사회 내재적 윤리' 사이의 차이
에 대해서 말하고 있다. 이 경우 보편적 윤리는 인간 일반의
성장과 발전을 목표로 하는 행동 규범을 의미하며, 사회 내재
적 윤리는 특정한 사회와 그 안에 살고 있는 사람들이 생존하

는 데 필요한 규범을 뜻한다. 보편적인 윤리의 한 예는 '네 몸과 같이 이웃을 사랑하라'든가 '살인하지 말라'와 같은 규범이다. 불교문화, 그리스도교문화, 유교문화, 도교문화와 같이 각 개인과 인류 전체의 성장과 발전을 목표하는 훌륭한 문화들이 주창하는 윤리들은 서로 놀라운 유사성을 보여준다.

이에 대해서 '사회 내재적' 윤리는 특정사회의 원활한 기능과 생존을 위해 필요한 금지와 명령을 말한다. 사회의 원활한 기능과 생존을 위해서는 그 구성원들이 그 사회의 독특한 생산양식과 생활양식이 요구하는 규칙들에 복종해야만 한다. 예를 들어 용기와 지도력은 상무적尙武的인 귀족사회에서는 절대적으로 필요한 디덕이다. 현대 사회에서 근면은 최고의 미덕 가운데 하나가 되었는데, 이는 현대의 산업체계가 유지되기 위해서는 사람들이 열심히 일하려는 의욕이 필요하기 때문이다.

사회 전체를 위한 규범과 아울러 각 계층에 대해서 서로 다른 윤리적 규범이 존재한다. 상무적인 귀족사회에서는 하위계층에게는 겸손과 복종이라는 미덕이 강조되는 반면에 상위 계층에게는 야심과 호전성이라는 미덕이 강조된다. 역사상 나타난 대부분의 사회는 그 사회의 존속에 필요한 여러 규범들이 모든 사람의 완전한 성숙과 발전을 위해서 필요한 보편적인 규범과는 상충하는 방식으로 조직되어 있다. 이는 역사상 나타난 대부분의 사회가 특권집단이 나머지 구성원들을 지배하고 착취하는 사회였기 때문이다.

프롬은 이러한 사회 내재적인 윤리를 인본주의적인 보편적 윤리를 통해서 대체해 나가는 것이 우리에게 부과된 과제라고 보고 있다.

5

너희도 신처럼 되리라
—프롬의 종교철학

　　프롬의 종교사상은 그의 저서들의 도처에서 나타나지만 『너희도 신처럼 되리라*You shall be as Gods*』라는 책에서 가장 집약적으로 제시되고 있다.* 그는 이 책에서 무엇보다도 정신분석학적인 입장에서 종교를 분석한 두 명의 심리학자인 프로이트와 융과 대결하면서 자신의 종교사상을 전개한다. 프롬은 종교에 대한 프로이트의 사상을 담은 프로이트의 뛰어난 저서 『환상의 미래』와 신화와 종교가 인간과 세계에 대한 심오한 통찰을 담고 있다는 사상을 체계적으로 전개한 융의 대표적인 저서 『심리학과 종교』를 검토하고 있다. 이러한 검토를 통해서 프롬은 프로이트는 종교를 배격했지만 융은 종교에 '우호적'이었다는 일반적인 통념을 수정하려고 하며 이와 아울러 정신분석학과 종교에 대한 새로운 개념을 정립하려고 한다.

---

* 국내에서는 『너희도 신처럼 되리라』(휴, 이종훈 옮김, 2013년)라는 제목으로 번역되어 있다.

1

프로이트와 융의 종교이해

프로이트에 의하면 종교는 우리가 통제하기 어려운 외적인 자연의 힘과 내적인 본능의 힘에 직면했을 때 갖게 되는 무력감에서 생긴다. 종교는 우리가 외적·내적인 힘에 주체적으로 대처할 수 있는 이성의 능력이 아직 발달하지 않은 상황에서 전능한 존재를 상상해 내면서 그것에 의존할 때 성립하게 된다. 이러한 상상력을 통해서 우리는 프로이트가 '환상'이라고 부른 것을 발전시키게 되는바, 그러한 환상이 바로 종교라는 것이다.

환상의 내용은 어렸을 때의 개인적 경험을 반영한다. 어렸을 때에 우리에게 아버지는 비할 바 없는 지혜와 힘의 소유자로 나타난다. 이러한 아버지의 명령에 따르고 아버지가 금하는 것을 위반하지 않으면 우리는 아버지의 사랑과 보호를 받을 수 있었다. 그러나 우리가 성인이 되면 우리는 아버지가 더 이상 전능한 존재가 아니라는 사실을 깨닫게 되며 이와 함께 아버지 대신에 눈에 보이지 않는 전능한 신을 상상하면서 신의 힘을 빌려서 안팎의 위협을 극복하려고 한다. 따라서 프로이트에 의하면 종교란 우리가 성인이 된 상태에서 어린아이 시절의 경험을 반복하는 것이며 유아기적인 의존상태로 퇴행하는 것이다.

그런데 프로이트는 종교가 '환상'이라는 사실을 증명하는 것으로 그치지 않고 종교를 '위험한 것'으로 본다. 왜냐하면 종교는 때때로 비합리적이고 권위적인 제도들을 시인하고 정당화하면서 사람들에게 환상을 믿어야 한다고 가르치고 비판적 사고를 금함으로써 인간의 이성을 억압하기 때문이다. 프로이트는 또한 다른 한편으로 종교가 도덕성의 기반을 위태롭게 한다는 점에서 그것을 비판했다. 만일 도덕적 규범이 신의 명령이기 때문에 타당한 것이라면 도덕의 장래는 신을 믿는 신앙에 좌우되게 된다. 그러나 프로이트는 종교적 신앙이 쇠퇴하고 있다고 보았기 때문에, 도덕이 만일 신에 대한 신앙에 근거한다면 도덕도 붕괴하게 될 것이라고 보았다. 따라서 프로이트는 도덕적 규범의 근원을 인간의 이성에서 찾지 않고 신의 계시나 명령에서 찾는 것은 일종의 도덕적 무정부주의를 초래할 것이라고 우려했다.

이상에서 우리는 프로이트의 종교비판은 포이어바흐나 마르크스와 같은 계몽사상가들의 비판을 계승하고 있으며 프로이트가 이상으로 여기는 가치들도 계몽사상이 주창한 가치들과 동일하다는 사실을 알 수 있다. 그러한 가치란 인간애와 진리 및 자유이다. 인간은 어릴 때의 아버지를 대신하는 존재인 신에 대한 환상을 버리고 이성의 힘에만 의지하는 것에 의해서 자신이 우주 안에서 느끼는 무력감과 고독감을 극복해야만 한다. 인간의 과제는 유아적 의존상태를 벗어나 진정한 의미에서 독립적인 성인이 되는 데 있다. 인간은 모든 환상을 버리고 현실을 직시해야만 한다. 프로이트는 만약 인간이 자신의 힘 외에는 그 어느 것에도 의지할 수 없다는 사실을 안다면 그는 자신의 힘을 올바르게 쓰는 법을 배울 것이라고 보았다.

이렇게 볼 때 우리는 프로이트의 입장을 무조건적으로 종교에 대해서 부정적인 것으로 볼 수 없게 된다. 프로이트는 우리 인간은 이성적 능력을 강화하며 진리를 추구하고, 주체성과 책임감을 강화하고 자신뿐 아니라 모든 인간을 사랑함으로써 이 세상의 고통을 감소시키는 것을 목표해야 한다고 생각한다. 그런데 동양과 서양의 고등종교들은 강조점의 차이에도 불구하고 프로이트가 주창하는 이러한 이상을 공통적인 핵심으로 갖는다. 부처는 고통의 해소를 강조하였고, 예수는 인간애를, 구약의 예언자들은 지혜와 정의를 강조하였다. 이러한 강조점의 차이에도 불구하고 이들 종교는 인간이 지향해야 할 이상과 사람들이 따라야 할 규범의 내용에 대해서는 뚜렷한 일치를 보이고 있다.

프로이트는 이러한 종교들이 주창하는 윤리적 이상과 규범들에 대해서는 비판하지 않으며 종교가 갖는 유신론적이고 초자연적 측면을 비판할 뿐이다. 그는 종교가 갖는 유신론적이고 초자연적 측면이 인류가 발전하는 데 필요했던 단계라고 보지만, 인류의 정신적 능력이 성숙한 현재는 더 이상 필요하지 않을 뿐 아니라 인류의 성숙에도 방해가 된다그 생각한다. 따라서 프로이트가 반종교적이라는 주장은 그가 종교의 어떤 면에 대해서 비판적이고 어떤 면을 긍정적으로 보는지를 분명히 구별하지 않으면 오해를 불러일으키기 쉽다.

융의 종교관은 프로이트의 종교관과는 거의 모든 점에서 정반대다. 융은 자신의 분석방법을 '현상학적'인 방법이라고 부른다. 그것은 발생한 사건의 본질을 기술하려고 할 뿐 그것의 진리 여부를 문제 삼지는 않는다. 예를 들어, 융은 예수가 동정녀에서 탄생했다는 관념에 대해서도 그러한 관념을 분석하고 기술하는 것을 목표할 뿐 그 관념이 참인지 아닌지는 문제 삼지 않는다. '무의식'과 신화는 융에게는 새로운 계시의 원천이 되었으며, 융은 그것들이 비합리적인 근원에서 비롯된 것이라는 이유로 그것들을 합리적인 사고보다 우월한 것으로 간주하였다. 그리고 어떠한 체계나 신화라도 비합리적이기만 하면 융에게는 동등한 가치를 갖는 것이었으므로 종교에 대한 그의 입장은 상대주의적일 수밖에 없었다. 이렇게 모든 종교를 찬양하는 절충주의를 택함으로써 융은 진리에 대한 탐구를 포기하고 말았다.

아울러 종교적 체험의 본질에 대한 그의 정의는 대부분의 신학자들의 견해와 동일하다. 종교적 체험의 본질이란 자기보다 높은 힘에 복종하는 것이다. 인간은 그러한 힘의 주체라기보다는 그것에 의해서 사로잡히게 된다는 것이다. 그러나 이러한 견해에 의하면 꿈이나 정신이상도 우리의 정신이 우리가 의식적으로 통제하지 못하는 힘에 의해 사로잡히는 현상이기 때문에, 그것들도 종교적 현상이라고 말할 수밖에 없다. 실로 종교 체험의 본질에 대한 융의 묘사는 분명히 어떤 형태의 종교적 체험에 대한 사실적인 묘사이다. 루터의 프로테스탄티즘이나 칼뱅주의의 체험이 그 전형적인 예이다. 그러나 불교에서 보는 것처럼 그것과는 대조적인 종교 체험도 존재한다.

융의 입장은 표면적으로 볼 때는 종교에 대해서 프로이트보다 우호적인 것처럼 보이지만 유태교나 그리스도교나 불교 같은 고등종교의 입장과 근본적으로 대립된다. 이러한 종교에서는 모든 종교가 동일한 가치를 가지고 있다고 보지 않으며 진정한 종교가 있다그 본다. 그것들은 진리의 추구를 인간의 기본적인 덕성과 의무 중의 하나로 보며, 자신들의 교리는 임의적인 것이 아니라 계시에 의한 것이든 이성에 의해서 통찰된 것이든 진리라고 주장한다.

프로이트는 윤리의 이름으로 종교에 반대하지만 그의 윤리적인 입장은 고등종교들이 표방하는 윤리적 입장과 동일하다는 점에서 그는 '종교적'이라고 말할 수 있다. 이와 반대로 융은 종교를 심리학적인 현상으로 해소하면서 모든 종교적 체험을 동등한 가치를 갖는 것으로 보기 때문에 그의 입장은 자신들이야말로 참된 종교라고 주장하는 고등종교들의 입장과 대립할 수밖에 없다. 따라서 프롬은 융이 심리학과 정신요법이 인간의 철학적이고 도덕적이며 종교적인 문제들과 밀접하게 연결되어 있음을 보여주었다는 점에서 융을 높이 평가하지만, 융이 프로이트를 능가하는 심리학을 제시하는 데는 실패했다고 본다.

이런 의미에서 프롬은 융의 입장을 비합리주의적인 상대주의라고 평했으며 이러한 비합리주의는 그것이 어떠한 형태의 것이든 반동적인 것이라고 보았다. 프롬은 18세기와 19세기의 합리주의가 갖는 문제점은 그것이 이성을 신뢰한다는 데에 있는 것이 아니라 이성을 지나치게 협소하게 파악했다는 데 있다고 생각했다. 따라서 그는 보다 포괄적이고 깊이를 갖는 이성과 진리에 대한 끊임없는 탐구를 통해서만 편협한 합리주의의 오류를 시정할 수 있으며, 융에서 보는 것과 같은 반계몽주의反啓蒙主義적인 비합리주의로는 그러한 오류를 극복할 수 없다고 생각했다.

2

종교의 발전

모든 유신론적 종교에서는 그것이 다신론이든 일신론이든 신은 최고의 가치, 최상의 선을 상징한다. 따라서 각 인간이 무엇을 최고의 가치로 여기고 있느냐에 따라 신이란 개념은 다른 의미를 가질 수 있다. 이런 맥락에서 프롬은 어떤 사람이 가지고 있는 신에 대한 개념의 본질을 이해하기 위해서는 신을 숭배하는 사람의 정신적인 상태나 성격구조를 파악하지 않으면 안 된다고 말하고 있다. 이와 함께 프롬은 종교의 발달은 인류의 성숙과정이기도 하다고 보고 있다. 그것은 인간이 보다 원숙하고 독립적인 정신과 성격을 형성해 나가는 과정이라는 것이다.

인간의 역사가 시작할 때 인간은 자연과의 원초적 합일상태로부터 내쫓겨나게 되었지만 아직도 이러한 원초적 합일에 집착하고 있었다. 인간은 아직도 동물 및 나무의 세계와 일치하는 느낌을 갖고 있었기 때문에 자연 세계와 하나가 됨으로써 합일과 안전을 확보하려고 한다. 이 경우 동물은 토템이 되고 사람들은 가장 엄숙한 종교적 행위나 싸움터에서는 동물의 가면을 쓰면서 동물을 신으로 숭배한다.

그러다가 기술이 발달하고 자연에 대한 자신의 힘을 자각하기 시작할 때는 인간은 자신들이 만들어 낸 것을 신으로 숭배하게 된다. 이것은 점토, 은, 금으로 만든 우상을 숭배하는 단계다. 인간의 정신이 더욱 발전하게 되면 인간은 신에게 인간의 형태를 부여한다. 인간이 좀 더 자신을 알게 되고 세계에서 인간이 가장 고귀한 존재라는 사실을 깨닫게 되었을 때 신은 인간의 형태를 띠게 되는 것이다.

이러한 신은 모계적인 원시사회에서는 모든 인간을 조건 없이 사랑하는 어머니의 형태를 띤다. 그다음 부계사회에서 신은 자기의 명령과 계율에 순종하는 자식들을 특별히 사랑하는 아버지의 형태를 띠게 된다. 부계사회는 위계질서에 입각한 사회인바, 모계사회에 존재했던 형제들 간의 우애는 아버지의 사랑을 획득하기 위해서 서로 겨루는 경쟁과 상호투쟁에 의해서 대치된다. 이러한 사회구조를 반영하면서 형성된 그리스 신화와 유태교 그리고 이슬람교에서는 으뜸 되는 남성 신이 지배하거나 유일한 신에 의해서 모든 다른 신이 제거되고 있다.

그러나 어머니의 무조건적 사랑에 대한 소망이 인간의 마음에서 제거될 수는 없었기 때문에 신의 모성적인 측면은 가부장적인 신 개념에서도 완전히 사라질 수 없었다. 유태교에서는 신의 모성적 측면은 신비주의의 여러 흐름 속에 재도입되며, 가톨릭에서도 죄인까지도 포용하는 '교회'라는 이념과 '마리아'라는 상징 속에 남아 있다.

심지어 극히 부성적인 신이라고 할 수 있는 프로테스탄티즘의 신에서도 신의 모성적인 측면은 비록 은밀한 형태이기는 하지만 전적으로 사라지지 않고 있다. 그것은 인간이 어떠한 '선한 업적'을 통해서도 신의 사랑을 획득할 수 없다는 루터의 교리에서 나타난다. 신의 사랑은 어떠한 조건에 의해서 좌우되지 않는 무상無償의 '은총'이며, 진정한 종교적 태도는 이러한 은총을 믿고 자신을 연약하고 무력한 자로 간주하는 것이다. 아버지의 사랑은 아버지를 흡족하게 하는 선한 업적들을 통해서 얻을 수 있지만 어머니의 사랑은 그러한 행위를 통해서 획득될 수는 없다. 어머니의 사랑을 얻기 위해서 내가 할 수 있는 모든 일은 오직 어머니의 사랑을 믿고 나 자신을 의지할 데 없는 어린아이로 바꿔 놓는 일이다.

루터적인 신 개념에 존재하는 이러한 모성적 측면에도 불구하고, 루터의 신교에서는 어머니의 사랑을 항상 받고 있다는 확신 대신에 자신이 신의 은총을 받고 있는지에 대한 강렬한 회의가 지배하고 있다는 점에서 그의 종교는 극히 가부장적인 종교라고 할 수 있다.

신이란 개념은 어떤 사회의 성격이 부계사회적이냐 모계사회적이냐에 의해서뿐 아니라 인간의 정신이 도달한 성숙도에 따라서 그 의미가 달라진다. 프롬은 신이란 개념의 의미가 변화해 가는 과정을 가부장적인 종교의 발달과정을 실마리로 하여 고찰하고 있다.

이러한 발달의 초기단계에서 신은 자신이 창조한 인간을 자신의 재산으로 생각하면서 자기 멋대로 지배하는 전제적이고 질투심 많은 신으로 나타난다. 신은 인간이 지혜의 열매를 먹고 신처럼 되는 것을 용납하지 않고 인간을 낙원에서 추방한다. 신은 자신이 사랑하는 노아만을 남겨두고 홍수를 일으켜서 인류를 멸망시키며 아브라함의 복종심을 시험하기 위해서 아브라함의 외아들 이삭을 죽이라고 요구한다.

　그러나 동시에 새로운 단계가 시작된다. 신은 다시는 인류를 멸망시키지 않겠다는 계약을 노아와 맺는다. 이와 함께 신은 인간과의 계약에 의해서 구속을 받게 된다. 신은 자신의 약속에 의해서 속박될 뿐 아니라 자신의 원리인 정의의 원리에 의해서도 속박 당한다. 그러므로 신은 적어도 열 명의 올바른 자가 있다면 소돔을 용서하라는 아브라함의 요구에 양보하는 것이다. 신은 더 이상 전제적인 부족장의 형태를 띠지 않고 자애로운 아버지의 형태를 띠게 된다. 이러한 신 관념이 보다 발전하게 되면 신은 더 이상 사람이나 남성이나 아버지가 아니고 현상의 다양성의 배후에 존재하는 통일적인 원리, 즉 모든 존재의 근거에 대한 상징이 된다. 그리고 이러한 모든 존재의 근거는 인간의 내면에 있는 위대한 잠재적 능력과 동일한 진리, 사랑, 정의의 성격을 갖는 것으로 간주된다. 따라서 인간은 어떤 특정한 교리를 믿는 것에 의해서가 아니라 이러한 미덕들을 구현하는 것에 의해서 신에 가까이 다가가며 신적으로 된다.

　이러한 신은 이름을 가질 수 없다. 이름은 언제나 어떤 사물이나 사람, 즉 유한한 것을 가리키는 이름이기 때문에 무한한 신은 이름을 가질 수 없는 것이다. 신은 모세에게 '나는 스스로 있는 자이니라'고 말한다. 이 말은 신은 유한하지 않으며 따라서 이름을 갖지 않는 자라는 의미이다. 신의 형상을 만들지 말고 신의 이름을 부르지 말라는 명령은 신은 아버지이고 사람이라는 생각에서 인간을 벗어나게 하는 것을 목표하고 있다.

프롬은 신에 대한 인간의 이해가 인간이 성숙함에 따라서 변화한다고 보기 때문에, 부모에 대한 사랑과 신에 대한 사랑 사이에 중요한 상응관계가 존재한다고 보고 있다. 인간이 성숙해 감에 따라서 부모에 대한 태도가 변화하는 것처럼 신에 대한 태도도 달라진다는 것이다. 어린아이는 처음에는 '모든 존재의 근원'으로서의 어머니에게 집착한다. 어린아이는 자신을 무력하다고 느끼면서 모든 것을 감싸주는 어머니의 사랑을 찾는 것이다. 다음에 어린아이는 아버지에게서 사랑을 받고 싶어 하는데, 이 경우 아버지는 사고와 행동의 지도 원리를 상징한다. 이 단계에서 어린아이의 행동 동기는 아버지의 칭찬을 받고 아버지의 불쾌감을 피하는 데 있다. 완전히 성숙한 단계에서 그는 자신을 보호하는 힘으로서의 어머니와 명령하는 힘으로서의 아버지로부터 해방되면서 자신의 내면에서 어머니와 아버지의 원리를 확립한다. 그는 자기 자신의 아버지와 어머니가 되는 것이다. 그는 아버지'이고' 어머니'이다.'

종교의 역사에서도 우리는 동일한 발달과정을 확인할 수 있다. 즉 종교는 어머니인 여신에 대한 무력한 애착에서부터 시작하면서 아버지인 남신에 대한 순종적인 애착으로 발전한다. 아브라함의 신만 해도 때로는 용서하고 때로는 노여워하는 아버지로서 감사와 공포의 대상이다. 신이 아버지인 한 나는 어린아이이다. 나는 나를 구해 주고, 나를 지켜 주며, 나에게 벌을 주고, 내가 복종할 때 좋아하고, 내가 찬미하면 기뻐하며, 내가 복종하지 않으면 화를 내는 아버지가 있어야 한다고 생각하고 있다. 오늘날에도 대부분의 사람들은 거인적 발달 과정에서 이러한 유아적 단계를 극복하지 못했기 때문에 여전히 이러한 아버지로서의 신을 믿고 있다.

그리고 인간이 신에게 귀속시킨 사랑과 정의의 원리를 자기 자신 속에 흡수하여 인간과 신이 일체가 되면서, 시적이고 상징적인 의미로만 신에 대해 말하는 성숙한 경지에 도달하게 된다. 신을 정의와 진리 그리고 사랑이란 원리의 상징으로 보는 사람들은 어떠한 세속적인 복을 위해서 기도하지 않고 신에게 아무것도 기대하지 않는다. 그는 어린아이가 아버지나 어머니를 사랑하듯 신을 사랑하지 않는다. 그는 신이 대표하는 정신적 원리, 즉 사랑과 진리와 정의의 원리를 신봉한다. 그는 진리를 생각하고 사랑과 정의에 따라서 산다. 여기서 신을 믿고 사랑하는 것은 신의 원리인 사랑과 정의 그리고 진리의 힘과 하나가 되는 것이다.

이러한 고찰로부터 신에 대한 사랑과 부모에 대한 사랑은 분리될 수 없다는 결론이 나온다. 어떤 사람이 어머니나 집단이나 민족에 대한 근친애적인 애착으로부터 벗어나지 못하거나 상을 주고 벌을 주는 아버지나 어떤 다른 권위에 대한 유치한 의존상태에 머문다면, 그는 신에 대한 보다 성숙한 사랑을 발달시킬 수 없다. 따라서 그의 종교는 신을 모든 난관으로부터 보호해 주는 어머니나 상벌을 주는 아버지로서 경험하는 초기 단계의 종교에 지나지 않는다.

현대에는 가장 원시적인 종교형태로부터 최고의 종교형태에 이르기까지 모든 단계가 존재하고 있다. 마찬가지로 각각의 개인도 자기 자신 속에, 즉 자신의 무의식 속에 무력한 갓난아이 이후의 모든 단계를 보존하고 있다. 문제는 그가 어느 정도까지 성장했는가 하는 것이다.

3

권위주의적 종교와 인본주의적 종교

프롬은 신을 인간의 잠재적 능력인 사랑과 정의 그리고 이성의 상징으로 보는 신 관념은 그리스도교에서뿐 아니라, 야스퍼스가 말하는 차축시대, 즉 기원전 5세기경에 중국의 공자와 노자, 인도의 부처, 그리스의 철학자들, 구약성서의 예언자들 그리고 이슬람교 등에서 성취되었다고 본다. 이런 의미에서 프롬은 유신론적인 그리스도교와 초기불교·도고·유교 등의 비유신론적 관점은 서로 다르기는 하지만 서로 싸울 필요가 없는 두 견해로 보고 있다. 유태교 및 그리스도교와 불교·도교·유교는 인간이 갖는 두 가지 이상, 즉 다른 사람들이나 사물들과 친밀하게 결합하면서도 자유로운 존재로 있고 싶다는 이상, 달리 말해서 전체의 일부이면서도 자신의 독립성을 보존하고 싶다는 이상을 동시에 실현하려고 한다.

물론 프롬은 유신론적인 종교와 초기의 불교나 도교에서 볼 수 있는 비유신론적 종교 사이에는 차이가 있다는 것을 인정하고 있다. 모든 유신론적 종교에서는 심지어 그것 내의 신비주의적 흐름조차도 인간을 초월해 있는 신의 실재를 가정한다. 이에 반해 비유신론적 종교에서는 인간 밖에 있거나 인간을 초월해 있는 신은 존재하지 않는다. 프롬은 이렇게 양자 간의 차이를 인정하면서 개인적으로는 유신론적 종교보다는 비유신론적인 종교를 수용하고 있지만, 유신론적 종교와 비유신론적인 종교는 본질적으로 동일하다고 보고 있다. 유신론적 신비주의에서 궁극적 실재로서의 신이 이름을 지을 수도 개념적으로 파악될 수도 없고 신과의 합일이라는 신비적 경험을 통해서만 이해될 수 있는 것처럼, 노자에서도 도는 '이름을 지을 수 없으며' 불교에서도 궁극적인 차원은 말로 전할 수 없다.

아울러 이러한 유신론적 신비주의와 불교 · 유교 · 도교는 지

식이나 사고보다는 올바른 생활방식을 강조하면서 생활전체
가 신과 궁극적인 차원과의 합일에 입각하여 수행되어야 한
다고 주장한다. 프롬은 근대에는 동일한 원리가 스피노자와
프로이트 그리고 마르크스에 주창되었다고 생각한다. 스피노
자의 철학은 교리체계에 대한 신앙보다는 올바른 생활방식을
강조하며, 마르크스 역시 세계를 변혁하는 행위를 강조하고
프로이트도 자아에 대한 보다 깊은 체험을 강조했다.

이렇게 행위를 강조하는 입장에서 사고와 개념을 중시하는
입장과는 다른 태도들이 생겨났다.

첫째로 인도나 중국의 종교적 발전에서 볼 수 있는 관용의
태도가 생겼다. 올바른 사고가 궁극적 진리나 구제에 이르게
하는 길이 아니라면 사고를 통해서 다른 신념체계에 도달한
사람들과 싸울 까닭이 없는 것이다.

둘째로 이러한 입장은 교의체계나 과학의 발달을 강조하기
보다는 오히려 '인간의 성장'을 강조하게 되었다. 불교나 도교
그리고 그리스도교적 신비주의의 입장에서 보면 인간의 종교
적 과제는 올바르게 사고하는 것이 아니라 올바르게 행동하
는 것이고 집중적인 명상행위를 통해서 궁극적인 실재와 하

나가 되는 것이다.

이에 대해서 서양사상의 주요한 흐름에서는 올바른 사고에 의해서만 궁극적 진리가 발견될 수 있다고 믿어졌다. 따라서 올바른 행동도 중요시되기는 했지만 주요한 강조점은 사고에 놓여 있었다. 이러한 경향 때문에 종교적 발전에서도 교의가 정형화되었고, 비신자 또는 이교도에 대한 비타협적이고 비관용적인 태도가 생겼다. 그리고 비록 신의 뜻에 따라서 살지 않더라도 신을 믿는 자는 신의 뜻에 따라 살면서도 신을 '믿지' 않는 사람보다 탁월하다고 간주되었다.

권위주의적 종교에서 신은 전지전능하다고 생각되고 있는 반면 인간은 무력하고 천하다고 생각되고 있다. 여기서 신은 무엇보다 이성과 사랑의 상징이기보다는 자의적인 권력과 힘의 상징이다. 프롬은 나치즘이나 볼셰비즘과 같은 정치적 이데올로기도 궁극적으로는 권위주의적인 종교와 동일한 원리에 입각해 있다고 보며 이 점에서 그것들을 권위주의적인 세속종교라고 부르고 있다. 여기에서는 영도자나 '인민의 아버지'나 국가나 민족 등이 숭배의 대상이 되고 개인의 삶과 가치는 무의미한 것으로 간주된다. 권위주의적 종교는 인간의 현실적인 생활과는 전혀 관계없는 추상적이고 동떨어진 이상을 요구한다. '죽은 후의 삶'이라든가 '인류의 장래'라든가 등의 이상 때문에 지금 여기에 살고 있는 사람들의 생활과 행복이 희생의 제물이 된다. 그러한 이상이 온갖 수단을 정당화하고 신이나 인민이나 국가의 대리인을 자처하는 종교적·세속적인 '엘리트들'이 동료인간의 삶을 좌우하게 된다.

프롬은 『옥스포드 사전』에 나와 있는 종교에 대한 정의는 사실은 권위주의적 종교에 대한 정의라고 말하고 있다. 그것에 따르면 '종교란 인간의 운명을 지배하고 복종과 외경 그리고 예배를 받을 만한 가치가 있는 초월적인 힘을 숭배하는 것'이다. 그리고 이 경우 인간이 신에게 예배하고 복종하는 이유는 정의나 사랑과 같은 신의 도덕적 특성 때문이 아니라 신이 인간을 지배하는 힘을 갖는다는 점에 있다. 더 나아가 권위주의적 종교에서 인간을 초월해 있는 힘은 인간에게 예배를 강요하는 권리를 가지고 있으며 외경과 복종을 바치지 않는 것은 죄를 짓는 것으로 간주된다.

이에 대해서 인본주의적 종교는 인간과 인간의 힘 그리고 인간이 이상으로 여기는 가치인 이성과 사랑 그리고 정의를 중심으로 삼는다. 인본주의적 종교에서 인간 삶의 목적은 자신의 무력함을 깨닫고 전능한 신에게 자신을 내맡기는 것이 아니라 자신의 최대의 힘을 달성하는 것이다. 미덕은 복종이 아니라 자기 실현에 있다. 권위주의적 종교에서는 비애와 죄악감이 지배하는 반면 인본주의적 종교에서는 기쁨이 지배한다. 인본주의적 종교가 유신론적인 경우에는 신은 인간이 자신의 삶 속에 실현하려고 하는 '인간 자신의 힘'의 상징이며, '인간을 압제하는 힘'을 지닌 권력이나 지배의 상징이 아니다.

프롬은 초기의 불교, 도교, 이사야, 예수, 소크라테스, 스피노자, 유태교나 그리스도교의 어떤 경향(특히 신비주의), 프랑스혁명 당시의 이성 종교 등을 인본주의적 종교의 예로서 들고 있다. 따라서 권위주의적 종교와 인본주의적 종교의 차이는 유신론과 무신론의 차이가 아니다. 이와 관련하여 프롬은 종교냐 무종교냐가 아니라 어떤 종류의 종교냐가 중요한 문제라고 생각한다. 다시 말해서 어떤 종교가 인간 특유의 능력의 전개를 촉진시키는 것인지 아니면 저해하는지가 중요하다. 이에 따라 프롬은 윤리와 마찬가지로 종교도 권위주의적 종교와 인본주의적 종교로 나누고 있으며, 양자의 차이에 비하면 흔히 종교에서 가장 중요한 차이로 간주되는 무신론적 종교와 유신론적 종교 사이의 차이는 비본질적인 것이라고 생각한다.

프롬은 인본주의적 종교의 가장 좋은 본보기로 초기 불교를 들고 있다. 불교의 가르침에 따르면 인간은 자신의 한계를 깨달아야 하는 한편 자기 안에 있는 힘도 자각해야만 한다. 깨달은 자가 도달하게 되는 마음의 상태인 열반은 무력함과 굴복의 상태가 아니라 인간이 가지고 있는 최고의 힘을 발전시킨 상태다.

이런 맥락에서 프롬은 또한 프로이트나 마르크스를 종교의 적으로 보는 통상적인 견해에 대해서도 이의를 제기한다. 마르크스와 프로이트의 이상은 실질적으로 고등종교의 창시자들의 이상과 다를 바가 없다는 것이다. 마르크스와 프로이트는 인간발전의 목적이 이성, 인간애, 고통의 감소, 독립 및 책임과 같은 가치들의 성취에 있다고 생각한다. 그러한 것들은 예수, 부처, 공자, 노자 및 예언자들의 가르침이 실현하려고 한 가치들과 동일한 것이다. 마르크스와 프로이트는 종교의 이러한 윤리적 핵심에 대해서 반대하는 것이 아니다. 이런 면에서 그들은 오히려 '종교적'이라고 볼 수 있다.

이런 의미에서 프롬은 다음과 같이 말하고 있다.

부처, 에크하르트, 마르크스 그리고 슈바이처의 사상에는 현저한 유사성이 있다. 그것은 즉 소유지향을 포기하라는 철저한 요청, 완전한 독립성의 주장, 형이상학적인 회의론, 신이 없는 종교성(슈바이처는 그의 한 편지에서 '사랑의 종교는 세계를 지배하는 인격적인 신 없이도 존재할 수 있다'라고 썼다) 그리고 동정과 인간적 연대의식에 의한 사회적 능동성의 요청 등이다. 그런데 이들 교사들은 때로는 지금 말한 요소를 의식하지 못했다. 예를 들면 에크하르트는 그의 무신론을 의식하지 못했고 마르크스는 그의 종교성을 의식하지 못했다. _『소유냐 존재냐』

$$4$$

유태교와 그리스도교에 보이는 권위주의적 요소와 인본주의적 요소

프롬은 유태교와 그리스도교에는 권위주의적 요소와 인본주의적 요소가 혼합되어 있다고 본다.

구약성서의 첫머리는 권위주의적인 종교의 정신으로 서술되어 있다. 거기서 신은 마음대로 인간을 만들고 인간을 지배하는 존재로 나타난다. 신은 인간에게 선악을 알게 하는 지식의 열매선악과를 먹지 못하게 하고, 만약 그 명령을 어기면 죽음이 있을 것이라고 위협한다. 여기서 죄란 신의 명령에 대한 위반으로 간주되고 있다. 지식의 열매를 먹는 행위 그 자체가 죄가 아니라 지식의 열매를 먹지 말라는 신의 명령에 불복종했다는 것이 죄인 것이다.

그러나 노아의 시대로 와서 신은 "다시는 홍수로 모든 동물을 없애버리지 않을 것이요 땅을 멸하지 않으리라"고 약속하게 된다. 신은 모든 생물을 멸하지 않는다는 의무를 지게 되며 인간은 살인하지 말라는 계율에 의해 구속받게 된다. 아브라함 시대에 와서 인간은 신에게 "죄 없는 사람을 어찌 죄인과 똑같이 보시고 함께 죽이시려고 하십니까? 온 세상을 다스리시는 이라면 공정하셔야 할 줄 압니다"라고 따지게 된다. 인류가 창조되었던 시점에서 인간은 선악을 아는 것을 금지당했으며 신에 대한 인간의 관계는 복종이든 불복종의 죄를 범하든 둘 가운데 하나였지만, 아브라함 시대에 와서 인간은 선악을 아는 지식을 이용하여 정의의 이름으로 신에게 따지며 신은 양보하게 되는 것이다.

이상과 같이 유태교와 그리스도교의 밑바탕에는 권위주의적인 원리와 인본주의적인 원리가 병존하고 있다. 그러한 원리들 중 어떤 것이 우세하게 되느냐에 따라 유태교와 그리스도교는 다른 경향을 나타내게 된다. 유태교 내의 인본주의적 정신은 유태교의 신비주의적인 교파인 하시딤 운동에서 특히 강하게 나타나고 있다. 하시딤 운동이란 학문이나 부를 독점하고 있는 사람들에 대한 가난한 사람의 반항이었다. 그들의 목표는 시편의 한 구절인 "기쁨으로 하느님을 섬기라"는 데 있었다. 그들은 지적인 완성보다는 감정을 강조하였고 뉘우침보다도 기쁨을 강조하였다. 그들에게는 스피노자에서와 마찬가지로 기쁨은 덕성과 동일하였고 슬픔은 죄와 동일하였다.

이 종파가 갖는 인본주의적이고 반권위주의적인 정신을 잘 보여주는 예로서 프롬은 다음과 같은 흥미 있는 이야기를 인용하고 있다.

한 가난한 재봉사가 속죄일 다음 날 하시딤파 랍비에게 찾아와 이렇게 말했다.

"어제 나는 하느님과 말다툼을 했습니다. 나는 하느님께 말했지요. '하느님, 당신이나 나나 마찬가지로 죄를 범했습니다. 그런데 당신은 중대한 죄를 범했으나, 내가 범한 죄는 하찮은 것입니다. 당신은 무엇을 하셨습니까? 당신은 어머니들을 그 자식들로부터 생이별하게 했고, 사람들이 굶주리는 모습을 그대로 보고만 있었습니다. 그러면 나는 무엇을 했을까요? 나는 가끔 옷을 짓고 남은 천을 손님들에게 돌려주지 않았거나 율법을 엄수하지 않았을 뿐입니다. 하느님! 나는 당신의 죄를 용서하겠습니다. 그러니 당신도 내 죄를 용서해 주서야 합니다. 그렇게 하는 것이 공정할 것입니다.'"

그 말을 듣고 랍비가 대답하였다.

"미련한 사람아! 자네는 왜 그렇게 쉽게 하느님을 용서해 주었단 말인가? 자네는 어제 하느님을 윽박질러서 메시아를 보내게 할 수 있었을 텐데 말이야."_『너희도 신처럼 되리라』

이러한 이야기의 배후에 있는 인간의 태도는 단순히 신의 명령이란 이유로 이삭을 희생시키는 데 동의한 아브라함이나 하느님의 독단적인 권력에 영광을 돌리는 칼뱅의 태도와는 근본적으로 다르다.

유태교 내의 하시딤뿐 아니라 초대 그리스도교 역시 결코 권위주의적이 아니라 인본주의적이었다는 사실은 예수의 모든 가르침에서 잘 드러난다. 특히 "하느님 나라는 너희 마음 속에 있다"는 예수의 가르침은 비권위주의적인 사고의 전형적인 표현이다. 그러나 2, 3백 년밖에 안 되어 그리스도교가 노예들처럼 가난하고 천한 백성들의 종교에서 로마 제국을 지배하는 자들의 종교가 된 후에는 권위주의적인 경향이 그리스도교에서 지배하게 되었다. 종교가 세속적 권위와 손잡을 때 그 종교는 필연적으로 권위주의적인 성격을 띠게 되는 것이다. 따라서 권위주의적 종교에서 신에 대한 굴종은 지배자들에 대한 굴종과 불가분리의 관계에 있게 된다.

물론 그리스도교에서 권위주의적 원리와 인본주의적 원리 사이의 투쟁은 결코 끝나지 않았다. 그것은 아우구스티누스와 펠라기우스의 투쟁에서부터 시작한다. 아우구스티누스의 최대 적수인 펠라기우스는 아담의 죄는 순전히 개인적인 것이었으며 아담 이외에 누구에게도 영향을 미치지 않았다고 주장했으며, 모든 사람은 타락하기 전의 아담과 마찬가지로 타락하지 않은 본성을 갖고 태어났다고 주장했다. 이 논쟁에서 아우구스티누스가 승리했으며 그 결과 수세기 동안 인간의 정신은 암흑 속에 갇히게 되었다. 아우구스티누스와 펠라기우스의 논쟁은 가톨릭교회와 많은 이교도 집단과의 투쟁으로 나타났으며, 또한 프로테스탄트 교회 내부에서의 온갖 종파 간의 투쟁으로 나타났다.

인본주의적이고 민주주의적인 요소는 그리스도교의 역사에서나 유태교의 역사에서도 결코 끊이지 않았으며 이 요소는 신비주의에서 보다 명확하게 나타났다. 신비가들은 인간은 신을 닮았으며 인간이 신을 필요로 하는 것처럼 신은 인간을 필요로 한다고 생각하고 있다. 그들은 인간이 신의 형상

대로 만들어졌다는 말을 신과 인간의 근본적인 일치로 해석
하였다. 신에 대한 두려움과 굴복이 아니라 인간 자신의 힘에
대한 긍정이 신비주의의 요체를 이루고 있는 것이다. 신비주
의에서 신은 인간을 제압하는 힘의 상징이 아니라 인간 자신
의 힘의 상징이 된다.

5

권위주의적 종교와 인본주의적 종교에서 죄와 의례에 대한 이해의 차이

권위주의적 종교에서 죄란 권위에 대한 불복종으로 간주된
다. 그 권위가 불합리한 것이라도 그것에 불복종하는 것은 죄
로 간주되며 아울러 그 권위가 합리적인 것이라도 그것이 합
리적인 것이기 때문이 아니라 단순히 권위라는 이유로 그것
에 복종해야 한다. 이에 대해서 인본주의적 종교에서 죄란 진
정한 자기 자신의 목소리에 귀를 기울이지 않은 것이며 결국
죄란 신이나 외적인 권위에 대한 죄가 아니라 자기 자신에 대

한 죄다.

권위주의적 종교에서는 사람들이 자신의 죄를 인식한다는 것은 무서운 일일 것이다. 죄를 범했다는 것은 강력한 권위에 복종하지 않았다는 것을 의미하고 그러한 권위는 죄 지은 자를 벌하는 것으로 여겨지기 때문이다. 죄란 일종의 반역행위이며 복종을 새롭게 맹세하는 것에 의해서만 용서된다. 따라서 권위주의적 종교에서 죄를 저지른 사람들의 반응은 자신의 타락과 무력함을 고백하면서 권위의 발아래 꿇어 엎드려 자비를 구하고 용서를 바라는 것으로 나타난다. 불안과 전율이 권위주의적 죄의식에 수반되는 감정이다. 이러한 반응은 가톨릭에서처럼 성직자가 죄를 용서하는 종교에서는 그렇게 극단적으로 나타나지는 않는다. 그러나 죄인은 죄악의 고통을 이처럼 가볍게 만든 보상으로 자기에게 용서를 주는 특권을 지닌 사람들에게 의지해야 된다.

인본주의적인 종교에서는 죄에 대한 반응이 전혀 다르다. 거기에는 삶의 규범을 어기려는 인간의 경향은 사랑과 자비와 함께 이해된다. 자신의 죄에 대해서 사람들은 자기혐오가 아니라 보다 좋은 일을 하려고 하는 적극적인 의욕으로 반응한다. 인본주의적 종교에서 자신의 죄를 인식하는 것은 그러한 죄를 극복할 수 있는 자신의 힘을 인식하는 것을 의미하며 결코 무력함을 경험하는 것은 아니다. "그대는 과오를 범했는가? 그렇다면 바른 일을 해서 그것을 없애도록 하라"는 것이 인본주의적 종교가 죄에 대해서 취하는 태도이다.

프롬은 권위주의적 종교와 인본주의적 종교 사이의 차이는 종교적 의례에 대한 양자의 태도에서도 나타난다고 본다. 권위주의적 종교를 믿는 사람은 삶에서 느끼는 불안을 해소하기 위해서 권위에 복종하며, 이렇게 철저하게 권위에 복종하면서 자신은 구원을 받았다고 생각한다. 그러나 권위주의적 종교의 신봉자는 이렇게 권위에 복속되어 있기 때문에 자신이 권위에 조금이라도 어긋나게 생각하거나 행동하면 벌을 받게 될 것이라는 불안에 사로잡혀 있다. 권위주의적 종교의 신봉자가 삶에서 느끼는 불안은 이제 권위에 대한 불안으로 변형되어 나타나는 것이다. 이 때문에 권위주의적 종교에서 의례는 한 번이라도 행해지지 않으면 이러한 불안이 튀어나와 엄습할 염려가 있기 때문에 어떠한 상황에서도 반드시 행해지지 않으면 안 되는 강박적인 성격을 띤다. 따라서 권위주의적 종교의 신봉자가 그러한 의례를 바꾼다는 것은 감히 상상하기 어렵게 된다.

이에 대해서 인본주의적 종교에서 의례는 인간이 자신의 성장을 위해서 고안한 것으로 간주된다. 따라서 그것을 행하지 않았다고 해서 인간은 자신이 성스러운 규범을 깨뜨렸다는 강박적인 불안에 사로잡힐 필요가 없다. 아울러 그것은 인간의 성장에 더 도움이 될 수 있는 보다 합리적인 의례에 의해서 얼마든지 대체될 수 있는 것으로 간주된다.

6
인간 자신에 대한 신앙으로서의 진정한 신앙

이와 관련하여 프롬은 진정한 신앙은 신에 대한 신앙이 아니라 인간 자신에 대한 신앙이라고 말하고 있다. 프롬은 인간 자신의 잠재적인 능력에 대한 신앙은 인간 삶의 기반이라고 생각한다. 사람들은 보통 합리적 사고는 신앙과 대립된다고 생각하지만 합리적 사고에는 합리적 신앙이 그 중요한 요소로 포함되어 있다.

예를 들어 과학을 비롯한 모든 분야에서 창조적인 사고는 흔히 '합리적 통찰'에서 출발한다. 이러한 합리적 통찰은 깊은 연구와 관찰의 결과이다. 그런데 합리적 통찰에서 이론의 공식화에 이르는 모든 단계에는 신앙이 필요하다. 즉 그러한 합리적 통찰의 타당성에 대한 일반적 합의에 도달할 때까지는, 그러한 통찰의 타당성에 대한 신앙과 궁극적으로는 그 이론의 타당성에 대해서 일반적인 합의가 이루어지리라는 사실에 대한 신앙이 필요한 것이다. 그리고 이러한 신앙은 자기 자신의 체험에, 즉 자기 자신의 사고력과 관찰력 및 판단력에 대한 신뢰에 뿌리박고 있다.

아울러 우정이나 사랑에서 보듯이 인간관계에서도 서로에 대한 믿음은 필수적이다. 타인을 '믿는 것'은 타인이 어떠한 상황에서도 흔들리지 않고 자신의 약속을 지킬 수 있는 인격적인 힘을 갖는다는 것을 믿는다는 것을 의미한다. 이는 타인이 어떠한 상황에서도 변하지 않는 확고부동한 인격적인 핵심과 동일성을 갖는다는 것, 다시 말해서 정의와 진리 그리고 사랑이란 궁극적인 가치를 구현하는 힘을 갖는다는 사실에 대한 믿음을 전제한다.

이와 마찬가지로 우리는 우리 자신을 믿는다. 우리는 상황과 우리의 감정의 다양한 변화에도 불구하고 그것들에 의해서 흔들리지 않고 우리 생의 전체에 걸쳐서 지속되어 온 자아의 존재를, 즉 우리 인격의 핵심을 인식한다. '나'라는 말의 배후에 있는 실체는 바로 이러한 핵심인데, 또한 우리 자신의 동일성에 대한 확신은 바로 이러한 확고부동한 핵심에 대한 확신인 것이다. 이러한 핵심에 대한 확신은 자신에게 존재하는 잠재력, 즉 정의와 진리 그리고 사랑이라는 궁극적인 가치를 실현할 수 있는 잠재력을 구현할 수 있다는 확신이다.

그리고 오로지 자기 자신을 신뢰할 수 있는 사람만이 타인들에게 성실할 수 있다. 왜냐하면 그러한 사람만이 현재와 같이 미래에서도 변함없이 동일성을 유지할 것이며 자신이 현재 자신이 예상하는 대로 느끼고 행동할 것이라는 사실을 확신할 수 있기 때문이다. 자기 자신에 대한 신뢰는 어떤 일을 하겠다고 타인에게 약속할 수 있기 위한 조건이다.

만일 우리가 자신의 불변적이고 확고부동한 핵심의 존재에 대한 믿음을 갖지 않는다면, 우리는 외부의 자극에 의해서 휘둘리게 되고 우리의 주체 의식은 위협을 받아서 타인들에게 의존하게 될 것이다. 이 경우 타인들의 인정이 우리 자신의 주체 의식의 기초가 될 것이다. 우리는 타인들의 시선이나 평가에 의존하게 되면서 타인들이 자신을 인정하고 높이 평가하면 자신에게 자부심을 갖게 될 것이지만 그렇지 않으면 자신을 비하하게 될 것이다.

아울러 어떤 사람을 신뢰한다는 것의 또 다른 의미는 타인들과 우리 자신 및 인류의 잠재력을 믿는 것을 의미한다. 이러한 신뢰의 가장 근본적인 형태는 어머니가 신생아에 대해 갖는 신뢰, 즉 아기가 건강히 성장하고 걷고 말을 배울 수 있으리라는 사실에 대한 믿음이다. 이러한 신뢰야말로 교육과 조작을 구별하는 것이다. 교육이란 어린이가 자신의 잠재력을 실현하도록 도와주는 것이다. 이에 대해서 조작은 잠재력의 성장을 믿지 못하는 것에 바탕을 두고 있으며 성인들이 어린이에게 바람직한 것을 주입시키고 바람직하지 못한 것을 제거하는 경우에만 비로소 어린이가 올바르게 될 것이라는 생각에 의거해 있다. 로봇은 생명이 없으므로 신뢰를 필요로

하지 않으며 따라서 우리는 그것을 교육하려는 것이 아니라 조작하려고 한다.

타인들에 대한 신뢰는 인류에 대한 신뢰에서 그 정점에 달한다. 어린이에 대한 신뢰와 마찬가지로 인류를 신뢰하는 것은 인류는 적절한 조건만 주어진다면 평등과 정의와 사랑에 의해서 통치되는 사회를 건설할 수 있을 것이라는 생각에 바탕을 두고 있다.

7

윤리와 종교

그런데 우리가 위에서 서술한 프롬의 종교관은 종교를 윤리와 동일시하는 것은 아닐까? 지금까지의 내용은 권위주의적 윤리와 인본주의적 윤리의 장에서 본 내용과 별로 다른 바가 없지 않은가? 그러나 프롬은 윤리적인 차원을 초월한 종교적 체험이 존재한다고 생각한다. 따라서 프롬은 마르크스와 프로이트와 같이 인간의 윤리적 이성에 호소하는 사람들과 윤리적 차원을 넘어서 신비적 차원을 지향하는 부처나 에크하르트 등과 같은 종교인들을 전적으로 동일시하지 않는다.

그는 종교적 체험이 갖는 특성으로 다음 세 가지를 들고 있다.

첫째로 종교적 체험의 한 측면은 삶과 자기의 존재 그리고 세계의 존재에 관한 놀라움과 경탄이다. 그것은 존재, 즉 자신의 존재와 함께 다른 사람들의 존재를 당연하고 자명한 것으로 여기면서 무관심한 것이 아니라 그것에 대해서 경이를 품는 것이다. 경이의 감정이야말로 온갖 지혜의 시작이라는 소크라테스의 말은 철학뿐 아니라 종교적 체험에 대해서도 타당하다. 자신과 세계의 존재에 대한 의혹에 잠겨본 적이 없는 사람, 그것들이 해답을 필요로 하는 현상이며 더 나아가서 그러한 현상에서는 해답 그 자체가 새로운 물음이 된다는 체험을 아직 한 번도 해본 적이 없는 사람은 종교적 체험이 무엇인지를 거의 짐작할 수 없을 것이다.

둘째로 종교적 체험은 '궁극적 관심'이라는 성격을 갖는다. 그러한 관심은 존재에 대한 경이에 입각하고 있는 관심이다.

그것은 인생의 의미나 인간의 자기실현 그리고 삶이 우리에게 부과하는 근본적인 과제의 수행에 관한 관심이다. 이러한 궁극적 관심에서는 영혼의 행복과 자기실현에 이바지하지 않는 욕망이나 목표는 부차적인 것이 된다.

셋째로 종교적 체험에는 삶과 자신의 존재에 대한 경이와 관심 이외의 제3의 요소가 있다. 그것은 인간과 모든 생명체뿐 아니라 우주 전체와 하나가 되는 것이다. 이러한 체험은 신비주의자들이 극히 명확하게 표현하고 기술하고 있는 체험이다. 이러한 신비체험은 불교와 그리스도교적인 신비주의와 유태교적 신비주의, 그리고 스피노자의 범신론이 갖는 특성이다.

프로이트와 같은 사람들은 인간이 자신과 다른 인간뿐 아니라 우주 전체와 하나가 되는 신비 체험을 인간의 개성과 자각이 소실되는 대양감정大洋感情이라고 부르면서 자기도취적인 퇴행으로 보고 있다. 이에 반해서 프롬은 종교적 신비체험에서는 전체the All와의 합일이 경험되면서도 오히려 개성과 자각이 심화된다고 보고 있다. 이런 의미에서 프롬은 종교적 신비체험을 알코올이나 마약 등에 의한 현실도피와 단호히 구별한다. 신비 체험에서는 우주와 하나가 되면서도 자아의식과 통찰력이 극도로 강화된다. 그것은 자신의 완전한 개성에 대한 체험일 뿐 아니라 자신의 존재와 세계 전체의 궁극적 근거에 대한 체험이다. 그것은 자기 자신이 완성되었음을 느끼는 자긍심의 경험이면서도 자기 자신이 우주라는 베 안의 한 올의 실에 지나지 않는다고 느끼는 겸손의 경험이기도 하다. 그것은 이러한 모순된 경험들의 긴장된 일치이다.

이러한 긴장된 일치 때문에 종교적 체험에서는 명징明澄한 의식과 각성과 아울러 자신이 우주와 하나가 되어 있다는 안정과 평화가 동시에 존재한다. 따라서 프롬은 이러한 신비체험을 비합리적인 종교체험으로 보는 일반적인 견해와는 달리 신비체험이 고도의 합리성을 갖는다고 말하고 있다. 프롬은 이와 관련하여 "가정을 지니지 않은 합리적 사유는 신비주의로 귀착된다"는 슈바이처의 말을 인용한다.

이러한 신비체험을 프롬은 인간이 자신의 폐쇄적이고 이기주의적인 자아를 부수고 무의식과 접촉하는 체험으로 해석하고 있다. 물론 이 경우 프롬이 말하는 무의식은 프로이트나 융이 말하는 무의식과 동일한 것은 아니다. 프로이트에서 무의식이란 우리 내부에 있는 악하고 억압된 욕망이며 보다 높은 자아인 초자아사회적 규범의 요구에 대립하는 것이다. 이에 대해서 융에게 무의식은 숭고한 계시의 원천이다. 무의식에 대한 프로이트와 융의 견해는 무의식이 가지고 있는 측면들 중의 하나를 지나치게 강조한 것이다. 이에 반해 프롬은 무의식이란 개념을 우리가 통상적으로 자기 자신이라고 생각하는 자아에서 배제되어 있는 자기의 부분을 가리키는 용어로 사용하고 있다.

우리는 통상적으로 자기 자신을 나쁜 놈으로 생각하면서 자학하거나 자신을 꽤나 괜찮은 사람으로 생각하면서 미화하거나 합리화한다. 우리가 우리 자신을 나쁜 놈으로 생각할 때 우리는 우리 자신에 존재하는 선한 잠재력을 망각하고 있으며, 우리가 우리 자신을 미화할 때 우리는 우리 자신에 존재하는 악한 성향을 망각하고 있다. 이렇게 우리가 통상적으로 자기 자신이라고 생각하는 자아에서 배제되어 있는 부분이 무의식이거니와, 프롬은 이러한 무의식에는 가장 낮은 것과 가장 높은 것, 최악의 것과 최선의 것이 포함되어 있다고 생각한다.

따라서 우리가 무의식의 영역에 접근할 때 우리는 그것을 융에서처럼 우리가 모셔야 할 신으로 대하거나 또는 프로이트에서처럼 죽여야만 하는 용으로 대해서는 안 되고, 어떠한 공포나 외경에 사로잡히지 않고 자기 자신의 다른 부분을 있는 그대로 볼 수 있는 유머 감각과 함께 접근해야 한다. 이때 우리는 자기에 대한 미화와 합리화에 의해서 자신이 자신의 의식에서 배제한 것들, 즉 타인 속에서는 예리하게 발견하지만 자기 자신에게서는 보지 않으려는 탁한 욕망과 불안과 불순한 생각들을 자기 자신 속에서 볼 수 있게 된다. 그러나 무의식에는 또한 선한 잠재적인 능력들도 존재한다. 이러한 능력들과 접하게 될 때 우리는 우리의 독특하고 개별화된 자아를 생명의 무한한 양상 중의 하나로서 체험한다. 그것은 마치 대양의 물방울이 동일한 대양의 특수화된 양상에 지나지 않는 다른 물방울들과 별개의 것이면서도 그것들과 동일한 것과 같다.

8

과학과 종교

동서양의 모든 위대한 종교의 창시자들은 공통적으로 삶의 최고 목적은 인간이 지니고 있는 사랑과 이성의 힘을 전개하는 데 있다고 주장하는 점에서 일치한다. 프롬은 정신분석학은 이러한 목적을 실현하는 데에 많은 공헌을 할 수 있다고 생각한다. 그리고 그는 종교가 갖는 이러한 측면과 우주에 대한 경이와 겸손을 의미하는 종교적 감정은 자연과학을 비롯한 다른 어떤 과학에 의해서도 결코 위협당하지 않는다고 생각한다. 오히려 그는 인간성이나 인간 존재를 지배하는 여러 법칙 등에 관한 심리학적인 인식이나 사회과학적 인식이 점점 더 성장되어 갈수록 그것들은 종교적인 태도를 위협하지 않고 그것의 발전에 공헌하게 된다고 본다.

우주나 자기 자신에 대한 인식이 증대되는 것은 도리어 인간이 자신을 신뢰하게 되면서도 보다 더 겸손하게 되는 데 도움이 된다. 이는 겸손이란 비굴이나 교만과 반대되는 것이지 결코 건전한 자신감과 반대되는 것은 아니기 때문이다. 건전한 자신감은 자신의 한계에 대한 인식과 자신에 대한 비판을 기꺼이 수용하려는 자세와 분리될 수 없으며 따라서 겸손과 자신감은 상보 관계에 있는 것이다.

프롬은 종교적 태도를 위협하는 것은 과학이 아니라 우리의 일상생활을 지배하고 있는 불합리한 통념이며 사회구조라고 보고 있다. 현대사회에서 인간은 삶의 가장 높은 목적을 추구하기를 중단한 채 사회구조의 요구를 충족시키는 데 여념이 없다. 사람들은 자기의 행복과 영혼의 성장보다는 능률과 성공에 더 관심을 기울인다. 다시 말해서 현대사회에서 종교적 태도의 성장을 가장 위협하는 것은 프롬이 '시장 지향적 성향'이라고 부른 그 성향이다.

물론 과학은 많은 종교들이 갖고 있는 신화적이고 주술적인 측면과 충돌한다. 프롬은 종교가 갖는 신화적이고 주술적인 측면이 자연에 대한 원시적이지만 과학적인 설명의 시도이자 초월적인 힘에 의존함으로써 자연을 조종하려고 하는 주술적인 성격을 갖는다는 의미에서, 그러한 측면을 종교의 '과학적이고 주술적인' 측면이라고 부르고 있다. 이에 대해서 인간 영혼의 구원과 성장에 관련되는 종교의 측면은 종교의 '종교적 측면'이라고 부르고 있다.

인류의 초창기에는 자연에 대한 이해가 결여되어 있었고 자연의 힘을 이용하는 데 무력했다. 이 시대에 인간은 별의 운행이나 나무의 성장, 홍수나 번개, 지진 등의 현상들을 자신의 인간적인 체험으로부터 유추해서 설명했다. 사람들은 자신의 삶에서 생기는 많은 사건들이 아버지나 지배자들과 같은 권력을 가진 사람들에 의해서 자의적으로 결정되는 것에 비추어, 자연계의 모든 사건의 배후에도 인간을 초월하면서 인간을 자의적으로 지배하는 신들과 귀신이 존재한다고 상상했다.

인류의 지혜가 성장하면서 인간은 자연에 관한 이론을 개발했고, 초창기의 주술을 대신해서 자연을 조종할 수 있는 기술을 만들어 내었다. 만약 인류가 모든 사람을 양육하기에 만족할 만한 양식을 생산할 수 있다면, 사람들은 구태여 양식을 주는 인격적인 신을 가정하면서 그 신에게 먹을 것을 달라고 더 이상 기도할 필요가 없을 것이다.

서양의 종교들, 즉 유태교나 그리스도교는 세계를 설명하고 그것을 조종하는 종교의 과학적이고 주술적인 측면을 자신들의 핵심으로 삼았으며 그 결과 과학과 기술의 진보에 대한 적대자가 되었다. 그러나 힌두교나 불교나 도교와 같은 동양의 대종교들은 항상 인간의 구원을 목표하는 종교의 측면과 자연에 대한 객관적인 인식을 목표하는 과학의 측면을 날카롭게 구별하는 경향을 가지고 있었다. 따라서 서구에서는 치열한 논쟁과 박해를 야기하였던 여러 가지 문제, 즉 세계는 유한한가 무한한가, 우주는 영원한가 아닌가 하는 문제들이 힌두교나 불교에서는 가벼운 유머와 익살로 다루어지고 있는 것이다.

과학의 경이적 발전과 기술의 진보와 더불어 종교에서의 과학적이고 주술적인 측면과 과학의 갈등은 더욱 날카롭게 되었다. 따라서 계몽주의의 종교비판은 종교의 종교적 측면 자체에 대해서라기보다는 자연에 대한 과학적 설명보다 신화적인 해석이 더 우월하다고 보는 종교의 '과학적이고 주술적인 측면'에서 향해졌다.

최근에 종교가들이나 일군의 과학자들에 의하여, 종교적인 견해와 최신의 자연과학이 말하는 내용이 본질적으로 동일하거나 유사하다는 것을 증명하려는 시도가 많이 행해졌다. 그러나 프롬은 이러한 시도들은 종교의 진정한 본질을 전혀 파악하지 못하고 있다고 본다. 예를 들어 세계의 기원에 관한 유태교와 그리스도교의 견해가 과학적인 가설이 될 수 있다고 주장하는 사람이 있을지라도 그 논의는 종교의 과학적이고 주술적인 측면을 문제 삼고 있을 뿐이지 종교의 종교적인 측면을 문제 삼고 있는 것은 아닌 것이다. 종교의 문제는 인간 영혼의 행복에 있으며 자연이나 그것의 창조에 관한 가설 등은 이러한 문제와 관계가 없다는 견해는 베다나 부처가 그것을 표명했던 당시와 마찬가지로 지금도 진리이다.

그러나 계몽주의 시대 이래 서구에서 종교에 대한 논쟁은 불행하게도 종교인들의 삶의 방식이 아니라 초월적인 인격신의 존재를 문제 삼아 왔다. "당신은 하느님의 존재를 믿습니까?"라는 물음이 광신적인 신자들의 결정적인 질문이 되어 하느님의 존재를 부인하는 사람들은 자동적으로 교회에 반대하는 자들로 간주되었다. 하느님의 존재를 믿는다고 말하는 사람들의 대다수가 실제적인 삶의 방식에서는 권력이나 재산을 숭배하는 우상 숭배자의 양상을 보인다. 반면에, 인류에 대한 사랑 때문에 목숨을 바치는 무신론자들에게서 오히려 진정한 의미에서 종교적 태도가 나타나는 경우를 우리는 쉽게 찾아볼 수 있다. 종교에 관한 논의를 신의 존재에 대한 승인이나 부인에 집중시키는 것은 종교문제를 인간의 문제로서 이해하는 것을 방해하며, 진정한 의미에서 종교적이라고 부를 수 있는 인간적인 태도의 발전을 방해한다.

우리가 '인간의 근본적 열망'을 다룬 부분에서 보았듯이 인간은 누구나 지향의 틀과 헌신의 대상을 구한다는 점에서 심지어 초월적인 인격신의 존재를 부인하는 무신론자도 종교적인 인간이다. 인간은 재산이나 사회적 명성을 구하는 데 헌신할 수 있지만 다른 한편으로는 자신의 진정한 잠재력을 실현하는 데 헌신할 수 있다. 종교에서 진정한 대립은 유신론과 무신론 사이에 있지 않고 권위주의적이고 우상숭배적인 종교와 인본주의적인 종교 사이에 존재하는 것이다.

9

현대에서 진정한 종교의 사멸과 미래의 종교

18세기와 19세기에 사람들은 왕이나 황제에게 반항한 것처럼 계몽주의와 무신론적인 휴머니즘의 이름으로 권위주의적인 신 개념에도 반항했다. 사람들은 신에 대한 관심보다도 인간에 대해서 더 관심을 갖게 되었다. 그러한 관심이란 인간을 충분히 성장시키려는 관심이며, 인간을 수단이 아닌 목적으로 생각하고, 그러한 성장을 위해 필요한 사회적 조건을 만들어 내려는 관심이었다. 이런 의미에서 프롬은 마르크스, 푸리에, 크로포트킨, 오웬, 조레스, 로자 룩셈부르크, 고리키 등에 의해서 전개된 사회주의 운동이야말로 과거 수백 년 동안에 일어났던 종교적 운동들 중에서 가장 중요하고 진정한 종교적 운동으로 보고 있다.

그러나 제1차 세계대전 때부터 시작된 인본주의적 전통의 파괴는 이러한 무신론적인 '종교'운동마저도 파괴해 버렸다. 니체가 '신은 죽었다'고 말한 반면에, 프롬은 제1차 세계대전이 일어났던 1914년 이후에는 인간이 죽었다고 본다. 19세기에 일어났던 교회와 국가 그리고 가족의 권위에 대한 싸움을 중단하고 사람들은 새로운 복종을 택하게 되었다. 이러한 복종은 귀족적인 소수의 인간들에 대한 복종이 아니라 조직에 대한 복종이다. '조직인'은 자신이 복종하고 있음을 자각하지 않고, 단지 합리적이며 실제적인 필요에 따라 일한다고 믿고 있다. 사람들은 불안하고 원칙이나 신념이 없으며 사회적으로 성공한다는 목표 이외에는 아무런 목표도 갖지 않고 있다.

오늘날에는 종교가 다시 부흥되는 것 같지만 사람들이 사실상 믿는 것은 신이 아니라 물질과 권력의 힘이며 사람들은 그러한 물질과 권력을 얻는 데 도움이 된다고 생각하기 때문에 신에게 기도하고 의지한다. 이런 의미에서 프롬은 현대인의 종교적 태도를 세 살 난 어린아이의 상태와 비교하고 있다. 현대인들은 아버지가 필요할 때는 아버지를 찾으며 울지만 그렇지 않으면 자신의 놀이에 빠져 있는 어린아이와 같다는 것이다.

물론 중세와 같은 종교적 문화에서도 사람들은 현대인과 마찬가지로 신을 인간에게 도움을 주는 아버지요 어머니로 생각하고 있었다. 그러나 그들은 신의 뜻에 따라서 살면서 '구원'을 삶의 최고의 관심사로 여겼다는 점에서 신을 진지하게 생각하고 있었다고 할 수 있다. 이 점에서 프롬은 중세인들의 종교적 태도를 아버지의 가르침과 원칙을 자기의 생활에 받아들이기 시작한 여덟 살 정도의 어린아이에 비교하고 있다. 이에 대해서 현대인들은 신의 뜻에 따라서 살지도 않으면서 신에게 자신들이 갈망하는 돈과 성공을 바라기만 한다는 점에서 갓난애와 유사하다.

더 나아가 현대에서 종교는 사람들이 다른 사람들과의 경쟁에서 승리하는 것을 돕는 심리적 수단으로 전락했다. 종교는 사업에서 성공하기 위해서 사람들이 이용할 수 있는 자기암시 및 심리요법과 제휴한다. 예를 들어서 한때 최대의 베스트셀러였던 노만 필 목사의 『적극적 사고방식』과 같은 책에서는 신에 대한 신앙과 기도는 성공하는 데 필요한 능력을 증진시키는 수단으로 권고되고 있다. 이 경우 '신을 당신의 반려로 삼으라'는 말은 사랑과 정의와 진리의 상징인 신과 하나가 되기보다는 오히려 사업에서 신을 동업자로 만들라는 의미다.

프롬은 현대인들은 과거의 인간이 사로잡혀 있었던 원시적인 종교형태들을 극복했다고 자부하지만 사실은 다른 형태로 그러한 종교형태들에 고착해 있다고 생각한다. 예를 들어 현대인 중 많은 사람들이 자신의 이성적 판단보다는 부모의 의향을 더 중시하는 방식으로 부모에 대한 신경증적 고착에 빠져 있는데 이는 원시적 조상숭배의 반복에 지나지 않는다. 아울러 국가라든가 자신이 소속된 정당에 절대적으로 헌신하면서 국가와 당의 이해를 가치와 진리의 유일한 기준으로 삼으며 자기가 소속된 집단의 깃발을 신성하게 생각하는 사람들은 실은 씨족숭배나 토템숭배를 반복하고 있다. 프롬은 현대사회에서는 오직 작은 그룹과 몇몇 사람들에 의해서만 진정한 의미의 종교적 전통이 계승되었다고 보며, 그러한 사람들의 대표자로서 간디, 아인슈타인, 슈바이처와 같은 사람들을 들고 있다.

그럼에도 인류의 진화과정을 살펴볼 때 씨족이나 종족을 생활단위로 하던 단계에서 도시국가와 민족국가를 거쳐 세계국가와 세계 문화를 생활단위로 하는 단계로 성장해 가는 것이 추세인 것 같다. 이제 인류는 사회적·경제적으로 바야흐로 '하나의 세계'를 형성해 가고 있다. 이러한 '하나의 세계'가

배타적인 민족주의와 패권주의에 의해서 파괴되지 않기 위해서는 새로운 종류의 인간이 필요하다. 이러한 인간은 좁은 국가의 한계를 초월한 인간이며, 다른 민족을 야만인이 아니라 이웃으로 느낄 수 있는 인간이고, 세계 어디에서나 안주할 수 있는 인간이다.

그런데 인류가 이러한 인간으로 변화되는 것은 왜 그렇게 어려운가? 인간의 생애는 어머니의 자궁 속에서부터 시작된다. 태어난 후에도 원시인이 자신을 자연의 일부로 생각했던 것처럼 어린아이는 여전히 자신을 어머니의 한 부분으로 생각한다. 커 나가면서 어린아이는 점차 다른 사람과 구별된 자기 자신을 자각하기 시작하는데, 이와 동시에 자신이 과거에 경험했던 어머니의 안전한 품속을 그리워하게 된다. 다시 말해서 인간은 완전한 개인이 되는 것을 두려워하는 것이다. 이에 따라 사람들은 어머니, 씨족, 가족은 '친밀한' 사람들로 생각하는 반면에, 혈연이나 습속, 음식, 언어 등을 통해서 긴밀하게 연결되어 있지 않은 이방인은 위험한 것으로 생각하게 된다.

'이방인'에 대한 이러한 태도는 자기 자신에 대한 태도와 불가분의 관계가 있다. 어떤 사람이든 자신이 만나는 사람을 이방인으로 간주하면서 멀리하는 한 그 사람은 자신에 대해서도 이방인으로 머물고 만다. 자기 자신을 충분히 체험하고 인식한 사람은 다른 사람들과 자신이 동일하다는 것을 인식할 수 있다. 즉, 우리 모두는 어린아이이고 죄인이면서도 성자가 될 수 있는 존재이다. 자기 자신을 충분히 인식하는 사람은 생각이나 관습 또는 언어가 다를지라도 인간의 본질은 동일하다는 사실을 알고 있다. 문화나 종족을 불문하고 인간은 인간으로서 동일한 구조를 가지며 동일한 문제와 해답을 갖고 있는 것이다.

인류는 근친상간적인 관계로부터 자유로운 인간관계를 향해서 발전해 나간다고 할 수 있다. 인류의 역사에서 일찍부터 근친상간의 터부가 나타나게 되는 이유가 여기에 있다. 부모나 형제에 대한 친밀한 관계에 거리를 두어야 한다는 요구가 존재하지 않았다면 인류는 진보하지 못했을 것이다. 근친상간의 본질은 프로이트가 파악한 것처럼 가족의 한 성원이 다른 성원에 대해서 갖는 성적 욕망만을 의미하지는 않는다. 그것은 사실은 어린아이인 채로 머물면서 자기를 지켜주는 사람에게서 떨어지고 싶어 하지 않는 욕구다. 그처럼 자기를 지켜 주는 사람들 중에서는 어머니가 가장 가까운 사람일 것이다. 프로이트는 어린아이가 특히 어머니에 대해서 애착을 갖는다는 사실을 정확히 관찰했다. 그러나 그는 그러한 애착이 성적인 욕망이란 성격을 갖는 것으로 잘못 해석했다.

아내에 대한 사랑은 근친상간적인 관계에 대한 투쟁을 통해서 가능하게 된다. 그러나 근친상간에 대한 터부에는 보다 큰 의미가 있다. 그것은 인간이 이성적인 판단능력을 발전시키기 위해서는 근친상간적인 고착을 극복하여야 하며, 자신과 친근한 정도를 기준으로 삼아 옳고 그름을 판단하는 단계에서 벗어나야 한다는 것이다.

세계가 하나가 되기 훨씬 이전부터 위대한 종교가들과 사상가들은, 사랑과 이성理性의 힘을 충분히 발전시켜서 자신의 고립되고 분리된 자아를 파괴하면서 모든 존재와의 동일성을 경험하는 인간을 마음속에 그리고 있었다. 모든 위대한 종교는 근친상간의 터부라는 소극적인 명제에서 출발해서 자유라는 적극적인 명제를 이끌어 내었다. 부처는 고독 속에서 깨달음을 얻었다. 그는 사람이 자기 내면의 참다운 힘을 알기 위해서는 가족이나 특정한 종족에 대한 모든 종류의 '친근한' 결합을 전적으로 포기해야만 한다고 주장한다. 이 점에서 유태교와 그리스도교는 불교만큼 격렬하지는 않지만 유사한 입장을 표명하고 있다. 예를 들어서 구약성서의 예언자들 역시 근친상간적인 관계를 극복하고 진리, 사랑, 정의라는 인간 모두에게 공통되는 기본적 가치를 실현할 것을 주장하면서 그러한 규범의 실현을 방해하는 국가나 세속적인 힘을 비판한다.

오늘날까지 '하나의 인류'란 이념은 한갓 공상에 지나지 않았을지도 모른다. 왜냐하면 그동안에는 '하나의 세계'가 출현하지 않았기 때문이다. 이제 바야흐로 세계는 하나의 세계가 되고 있으며 이러한 세계가 존립하기 위해서는 '하나의 인류'가 출현할 필요가 있다. 출현하고 있는 '하나의 세계'는 사람들이 '새로운 인간'으로 다시 태어나는 것을 통해서 비로소 현실적인 것이 될 수 있다고 프롬은 생각한다. 이 새로운 인간이란 피와 흙에 의한 원초적 결합을 떠나서 인류 전체에 충실한 세계 시민이라고 느끼고 있는 사람을 말한다.

6

인본주의적이고 공동체주의적인 사회주의를 향해서

우리는 앞에서 프롬이 현대산업사회가 위기에 빠지게 된 이유를 현대산업사회의 인간이 살아 있는 것보다 인공물을 더 사랑하면서 인공물에 대한 소유에서 행복을 찾으려는 네크로필리아적인 정신에 의해서 지배되고 있다는 데서 찾고 있다는 사실을 보았다. 그러한 네크로필리아적인 정신을 그는 그의 유명한 저서 『소유냐 존재냐』에서는 소유지향적 정신이라고 부르고 있다. 소유지향은 산업사회의 특징이며, 동양이든 서양이든 산업사회에서는 돈, 명예, 권력에 대한 탐욕이 인생을 지배하는 것이 되었다.

프롬은 현대의 소유지향적 정신은 소비주의적인 정신과 결부되어 있다고 본다. 현대의 소비주의는 온 세계를 삼키고 자신에게 편입시킴으로써 그것을 자신의 것으로 만들려는 소유지향적 정신에 의해서 지배되고 있다. 사람들은 값이 소유하고 소비할수록 자신의 존재도 풍요롭게 된다고 생각한다. 현대의 소비자들은 다음과 같은 공식으로 자신을 확인하는 것이다.

나는 존재한다 = 나는 소유한다 및 나는 소비한다.

이러한 소유지향적 정신과 삶에 대해서 프롬은 존재지향적 정신과 삶을 내세운다. 존재지향적 삶이라는 말로 프롬은 어떤 것을 소유하지도 않고 또 소유하려고 갈망하지도 않으면서 자기의 재능을 생산적으로 사용함으로써 세계와 하나가 되는 삶의 양식을 표현하고 있다. 프롬은 인류의 '위대한 교사들'이 이미 '소유지향적인 삶을 버리고 존재지향적 삶을 택할 것을 가르쳐 왔다'는 사실을 지적하고 있다.

존재지향적 삶과 소유지향적 삶은 자아가 세계에 대해서 태도를 취하는 두 가지 다른 방식이며 그 어느 쪽이 지배하느냐에 따라 사람들의 사고와 감정과 행위가 결정되는 두 가지 다른 종류의 성격구조이다. 삶의 소유지향적 양식은 세계와 나의 관계는 소유나 점유의 관계이며, 이 관계 속에서 나는 나 자신을 포함한 모든 사람과 물건을 나의 소유물로 만들고 싶어 한다. 나는 심지어 나의 육체까지도 나의 소유물로 만들고 싶어 한다. 따라서 현대인들은 자신의 육체를 기계를 사용하듯 혹사하며 자신의 육체를 성능 좋은 기계처럼 만들려고 한다. 이에 대해 존재지향적 양식은 세계와 나 자신을 지배하고 혹사하기보다는 그것들의 고유한 본질을 발현하게 하는 것을 의미한다.

프롬은 현대산업사회의 병폐를 극복하기 위해서는 인간 개개인이 소유지향적인 삶을 버리고 존재지향적인 삶을 지향하는 정신혁명을 추구하는 것 이외에 사회구조의 근본적인 변혁이 필요하다고 본다. 프롬은 그리스도교를 비롯한 전통적인 종교들이 자신의 이념을 제대로 실현하지 못했던 원인을, 사랑과 자비가 지배하는 사회를 건설하기 위해서는 정신혁명 이외에 사회구조의 변혁이 동시에 진행되지 않으면 안 된다는 사실을 그것들이 간과했다는 데서 찾고 있다. 이 적에서 프롬은 사회구조가 인간 개개인의 의식에 미치는 영향에 대한 마르크스의 통찰을 전적으로 수용한다.

프롬이 보기에 인간은 천성적으로 삶과 창조를 지향하지만 그럼에도 파괴와 공격으로 치달리는 것은 사회적 환경 때문이다. 삶과 창조성이 지배하고 있는 사회에서는 일개인이 파괴성이나 공격성을 드러내기가 어렵다. 이에 반해 파괴성이나 공격성이 지배하는 사회에서는 히틀러와 같은 파괴적인 인간이 영웅이 될 가능성이 많다. 따라서 프롬은 단순한 정신혁명을 내세우는 것을 넘어서 그러한 정신혁명이 지속될 수 있도록 하는 사회구조의 건설이 요청된다고 보는 것이다. 프롬은 자신이 지향하는 사회를 인본주의적이고 공동체주의적인 사회주의Humanistic Communitarian Socialism라고 부르고 있으며 그러한 사회가 이루어지기 위해서는 다음과 같은 변화가 수반되지 않으면 안 된다고 말하고 있다.

1

경제적인 차원에서의 변화

　프롬은 새로운 사회의 건설을 위해서 경제적인 차원에서 우리가 해야 할 과제들을 다음과 같이 거론한다.

　- 경제의 종합적 계획을 고도의 분권화와 연결시키고, 지금은 거의 허구가 되어버린 자유시장 경제를 버려야만 한다.

자본주의하에서 각 기업은 끊임없이 확대되는 시장에서 자신들이 차지할 몫을 획득하기 위해서 점점 더 많은 판매고를 올리려고 애쓴다. 이와 함께 각 기업은 대중의 구매욕을 부추기기 위해서 정신 건강에 해로운 소비적 성향을 조성하고 강화하기 위해서 가능한 모든 수단을 동원하게 된다.

– 무한한 성장이라는 목표를 버리고 선택적 성장을 추구해야만 한다.

소비의 증대를 강요하는 자본주의적 생산의 내적인 법칙에 의해서 사람들은 오늘날 소비인이 되도록 강요당하고 있다. 현대의 산업사회에서는 부유한 사람들의 경우 소비가 이미 해로운 단계에까지 도달했다. 오늘날의 자본주의사회에서처럼 생산과 소비의 증대를 목표로 삼는 경우 사람들은 적당한 소비 수준에 도달되기 이전에도 정당한 욕구를 충족시키는 데 그치지 않고 끊임없이 소비하려고 하는 탐욕에 사로잡히게 된다. 따라서 생산은 건전한 소비를 위한 것에 제한되어야 한다.

– 공동경영의 원리가 기업 전체에서 실현되어야 한다.

프롬은 자신이 주장하는 것처럼 자유시장경제를 폐지하고 계획경제가 도입될 경우 기존의 사회주의국가에서 보듯이 자칫 개인적인 창의성과 주체적인 책임의식을 말살시킬 수 있다는 위험성을 인정한다. 개인적인 창의성과 주체적인 책임의식은 자유주의적인 자본주의에서 경제 체제와 인간 발전의 큰 자극이었다. 그러나 자본주의에서 인간은 경제적인 목적에 종속됨으로써 인간이 갖는 일부의 성질, 즉 의지와 합리성만이 발전되었다. 아울러 오늘날의 거대조직사회에서는 오직 소수의 성원들만이 개인적인 창의성과 책임의식을 발휘할 수 있을 뿐이고, 대부분의 현대인은 거대조직의 톱니바퀴, 즉 일종의 자동인형이 되어 버렸다.

프롬은 현대의 자본주의는 개인적 창의성과 주체성의 발휘를 저해한다고 생각하며 그것들의 발휘와 발전을 도울 수 있는 새로운 사회구조가 필요하다고 생각한다. 그러한 사회구조는 사회구성원들이 정치적·경제적·문화적 차원에서 사회의 운영에 분권화된 방식으로 직접 참여하고 사회 전체에 영향을 미칠 수 있는 사회구조이다. 프롬은 경제적인 차원에서는 노동자들이 기업의 경영에 참여할 수 있어야 한다고 주장하는 것이다.

- 물질적 이익이 아닌 정신적 만족이 삶과 노동의 동기가 되는 사회 풍조

와 노동 조건을 만들어야만 한다.

– 노동에서보다 생활 속에서 개인의 창의성을 회복해야 한다.

2
정치적 변화

프롬은 선거권의 확대만으로는 진정한 정치적 민주주의는 실현될 수 없다고 본다. 그는 다음과 같은 조치들이 취해지지 않으면 안 된다고 보고 있다.

첫째, 진정한 의사결정은 대중투표를 통해서 이루어질 수 없고 옛날의 '부락회의'에 해당되거나 또는 500명 정도로 구성된 소집단에서만 가능하다는 것을 인식하지 않으면 안 된다. 그 같은 소집단에서만 문제들이 충분히 토의될 수 있고 각 성원이 자신의 생각을 표현하고 남의 의견을 분별 있게 듣고 토의할 수 있는 것이다. 사람들은 서로가 개인적으로 접촉하고 있는 만큼 사람들의 생각에 선동적이고 비합리적인 영향을 주기가 더욱 어렵게 된다.

둘째, 시민 개개인은 합리적인 결정을 내리기 위해서는 구체적인 정보들을 알고 있어야 한다.

셋째, 시민이 소규모 대면 집단對面集團의 성원으로서 어떤 결정을 내리든 간에 그것은 중앙에 선출된 의회의 집행부가 내리는 결정에 직접 영향을 미치지 않으면 안 된다. 그렇지 못하면 시민은 오늘날과 마찬가지로 정치적으로 변변치 못한 존재로 남게 될 것이다. _『건전한 사회』

이러한 조건이 결여된 상태에서 투표에 의한 결정은 소위 '여론'에 의한 결정이라고 생각될지 모르지만, 프롬은 충분한 정보와 비판적 숙고 그리고 토의도 없이 개인들이 이미 가지고 있는 견해들의 집합이라고 할 수 있는 여론은 이성적인 통찰과는 거리가 멀다고 보고 있다. 그것은 어떤 주어진 순간에 사람들이 갖고 있는 의식적인 생각을 나타내는 데 불과하다.

3
문화적 변화

프롬은 산업과 정치 조직이 공동체적으로 바뀌기 위해서는 교육과 문화 역시 공동체적으로 바뀌지 않으면 안 된다고 말한다. 오늘날의 원자적인 사회를 공동체적인 사회로 전환시키는 것은 함께 노래하고, 함께 걷고, 함께 춤추고, 함께 찬탄하는 공동의 문화를 다시 만들어내느냐 만들어내지 못하느냐에 달려 있다. 인간이 세계에서 안도감을 느끼기 위해서는 머리로써만 아니라 모든 감각과 눈과 귀, 즉 몸 전체와 함께 다른 사람들과 세계와 하나가 되지 않으면 안 된다.

이와 관련하여 프롬은 대부분의 사람들이 예술의 소비자로 전락한 현실에서 하나의 창조적인 집단예술이 필요하다고 말하고 있다. 프롬은 여기서 집단예술이란 말을 집단적인 종교적인 의식까지 포함하는 넓은 의미로 쓰고 있다. 현대 예술은 대부분의 경우 그 생산과 소비가 개인주의적으로 행해지고 있는 것에 반하여, 집단예술은 다른 사람들과 공유하는 방식으

로 행해진다. 집단예술은 단순한 개인적인 여가 활동이 아니
라 생활의 절대 불가결한 일부다. 그것은 인간의 근본적인 욕
구에 부합되는 것이며 만일 이 욕구가 충족되지 않는다면 의
의 있고 풍요로운 세계상에 대한 인간의 욕구가 실현되지 못
하기 때문에 사람들은 불안해하고 초조해할 것이다.

물론 집단 예술을 인공적으로 고안해낼 수는 없다. 그러나
일단 그 필요성을 인식하여 그것을 장려하기 시작하면 낡은
형식에 새 형식을 더해줄 천부적인 재능을 갖고 있는 사람들
이 나타날 것이다. 집단 예술은 유치원 어린이에서부터 시작
하여 학교에서 이어지고 나이가 들어서까지도 계속될 것이
다. 우리는 공동의 무용, 합창, 연극, 음악을 갖게 될 것이다.
프롬은 이러한 문화적인 분야에서도 산업과 정치에서와 마찬
가지로 결정적인 요소는 분권화, 즉 구체적인 대면 집단과 구
성원들의 능동적이고 책임 있는 참여라고 말하고 있다.

공장, 학교, 소규모 정치토론 집단 그리고 부락에서 온갖 형태
의 공동 예술활동이 일어날 수 있을 것이다. 그것들은 중앙의
예술 단체로부터 필요한 만큼의 도움과 시사 그리고 자극을 받

을 수 있겠지만 그것에 의해서 지도되는 것은 아니다. _『건전한 사회』

문화적 변화와 관련하여 프롬은 종교의 변화 없이는 사회의 정신적 변화도 불가능하다고 보고 있다. 서구의 그리스도교는 인간의 존엄성, 형제애, 이성 그리고 물질적 가치에 대한 정신적 가치의 우월성의 실현을 목표하고 있다. 이러한 윤리적 목표는 그리스도교에서는 인격신의 개념과 관련을 갖는다. 프롬은 휴머니즘적인 입장에 서 있는 비그리스도교인들이 그리스도교적인 신개념을 공격하면서 신이 있느냐 없느냐 하는 문제에 초점을 맞춘 것은 하나의 큰 오류였다고 본다. 오히려 그들은 그리스도교와 신의 진정한 이념을 진지하게 파악하도록 그리스도교인들에게 촉구해야만 했었다. 다시 말해서 형제애와 진실과 정의의 정신을 실행하고 현대 사회에서 가장 급진적인 비판자가 되도록 촉구해야만 했었다.

그리스도교적 입장에서는 신의 개념을 둘러싼 논의는 신을 인간의 개념파악 범위로 끌어내리는 것을 의미한다. 그러나 우리는 신이 무엇'인지'를 말할 수는 없지만 신이 무엇이 '아닌지'는 말할 수 있다. 따라서 프롬은 그리스도교인이든 비그리스도교인이든 오히려 현대적인 형태의 우상 숭배를 폭로하는 데 합심하지 않으면 안 된다고 보고 있다. 오늘날의 우상 숭배는 국가와 권력을 신성시하고 화폐와 세속적인 성공을 신성화하는 것이다.

우리가 신앙인이든 아니든 또 새로운 종교가 필요하다고 믿든 유태교-그리스도교적인 전통의 지속이 필요하다고 믿든 간에, 껍질이 아니라 본질에, 말이 아니라 경험에, 제도가 아니라 인간에 관심을 갖는 한 우리는 우상 숭배를 단호히 부정하는 데 일치할 수 있고 신에 관한 어떠한 긍정적인 설명보다도 이와 같은 부정적인 면을 통해서 공통된 신념을 훨씬 많이 발견할 수 있을 것이다. 우리는 확실히 겸손과 형제애를 더 많이 갖게 될 것이다. _『건전한 사회』

프롬은 그리스도교도 인류의 진화 과정에서 나타난 종교의 한 형태이며 인류의 발전에 상응하는 새로운 종교가 앞으로 수백 년 내에 나타나리라고 믿고 있다. 그러나 프롬은 이러한 새로운 종교의 가장 중요한 특징으로 이 시대에 이미 받아들여지고 있는 사해동포주의를 든다. 그것은 동양과 서양의 모든 위대한 종교에 공통된 인본주의적 가르침을 포용하게 될 것이다. 그 교리는 오늘날 인류의 합리적인 통찰과 모순되지 않을 것이며 교리를 중시하는 신앙보다는 실제 생활을 더욱 강조할 것이다. 이러한 종교는 인간 간의 유대를 강화하는 데 기여할 새로운 의식儀式과 예술적 표현 형태를 만들어내게 될 것이다. 프롬은 집단 예술이 그러하듯 종교도 인공적으로 발명될 수 없다고 생각한다. 그는 과거의 종교들이 과거 여러 세기에 걸쳐 시기가 무르익으면서 나타났듯이 새로운 종교도 새로운 위대한 스승의 출현과 함께 형성될 것이라고 본다.

그동안 신을 믿는 사람은 그 신념을 '생활 속에서 실천함'으로써 표현하고, 신을 믿지 않는 사람은 사랑과 정의의 계율을 생활 속에서 실천하고 기다림으로써 그들의 신념을 표현해야 할 것이다. _『건전한 사회』

7

정신분석학과 마르크스주의 그리고 실존철학의 종합

—프롬이 현대사상에서 갖는 의의

머리말에서 지적한 대로 나는 프롬이 현대 사상사에서 갖는 의의는 그 어느 철학사조에도 편향되지 않고 인간과 사회에 관한 모든 중요한 통찰을 수용함으로써 하나의 개방적이면서도 독자적인 사상체계를 세운 데 있다고 생각한다. 특히 프롬은 20세기의 사상가들 중에서 현대 철학의 중심조류였던 정신분석학과 마르크스주의 그리고 실존철학을 종합하려고 시도한 유일한 사상가다. 여기서는 프롬이 현대의 중심사조들인 정신분석학과 마르크스주의 그리고 실존철학을 어떻게 종합하고 있는지 고찰해 보겠다.

1

프로이트와 마르크스

프롬은 프로이트는 개인에 대한 과학적 인식에 그리고 마르크스는 사회에 대한 과학적인 인식에 새로운 지평을 열었다고 본다. 개인의 심리와 사회의 구조와 법칙에 대한 양자의 발견은 원자의 구조와 법칙에 대한 이론물리학의 발견에 비견될 수 있다는 것이다. 프로이트는 인간의 마음이 서로 갈등하는 심적인 힘 혹은 에너지들로 구성된 구조물이라는 사실을 발견했다. 프로이트는 갈등하는 심적인 힘들에 대한 파악을 통하여 과거를 이해하고 미래의 방향을 예측함으로써 사람들이 합리적으로 생각하고 행동하는 것을 가능하게 하려고 했다. 이와 마찬가지로 마르크스는 사회를 서로 모순되기는 하지만 경험적으로 탐구될 수 있는 여러 가지의 힘으로 성립되고 있는 복잡한 구조로 보았다. 이러한 힘에 대한 인식은 과거에 대한 이해를 돕고 어느 정도까지는 미래에 대한 예측을 가능하게 하면서 우리의 합리적인 결단과 선택을 가능하게 한다.

프로이트나 마르크스가 추구하는 그러한 예측은 어떤 사건이 무조건적으로 반드시 일어날 것이라는 식의 예언이 아니라, 이런 식으로 개인의 삶이 영위되고 사회가 운영될 경우에는 어떠한 결과가 빚어질 것이라는 식의 조건부적인 예언이며 따라서 인간에게 합리적인 결단과 선택을 가능하게 하고 촉구하는 과학적 작업이다.

아울러 프롬은 프로이트와 마르크스는 서구의 전통적인 휴머니즘의 정신을 계승하고 있다고 본다. 프로이트는 사회적 관습의 힘에 대항하는 인간의 자연적 충동의 권리를 옹호하고 이성이 이들 충동을 적절하게 통제하도록 하려고 했으며, 마르크스는 인간성을 왜곡하는 비인간적인 경제구조에 항의하면서 인간성의 완전한 실현을 추구했다.

물론 이러한 일치 외에 프로이트와 마르크스 사이에는 무시할 수 없는 차이가 있었다는 사실을 프롬은 간과하지 않는다. 무엇보다도 프로이트는 자유주의적 개혁가였던 반면에 마르크스는 급진적인 혁명가였다. 마르크스는 사회구조와 역사의 진행에 대해 깊은 통찰력을 갖고 있었으며 프로이트와는 비교할 수도 없을 정도로 당시의 지배적인 이데올로기들로부터 독립해 있었다. 프로이트는 인간의 사고, 감정, 정열들의 구조와 본질에 대해 마르크스보다 깊은 통찰력을 갖고 있었지만, 그 당시의 중산계급을 지배한 가치관을 넘어서지는 못했다.

그럼에도 그들은 인간을 왜곡된 심리구조와 사회구조에서 해방시키려는 불굴의 의지를 가지고 있었으며 진실이야말로 가장 강한 해방의 수단이라고 믿었다. 양자는 똑같이 인간과 사회가 행하는 합리화와 이데올로기의 허위적 성격을 꿰뚫어 보면서 개인과 사회의 실상에 도달하기 위한 지적 무기를 우리에게 제공했다.

2

프롬의 프로이트 이해

프로이트는 19세기의 기계론적인 사고방식에 따라서 인간을 '리비도'라고 불리는 일정한 양의 성적性的 에너지에 의해서 움직여지는 기계로 보았다. 이 리비도는 그것이 발산되지 않을 경우에 인간의 내부에서 심각한 긴장을 불러일으킨다. 그러한 긴장은 성행위에 의해서 비로소 해소되는바, 프로이트는 이러한 고통스런 긴장으로부터의 해방을 '쾌락'이라고 불렀다. 긴장이 해소되더라도 이러한 긴장은 리비도가 다시 축적되면서 새롭게 생기게 되며 긴장을 해소하려는 새로운 욕구, 즉 쾌락을 향한 욕구를 발생시킨다. 긴장에서 긴장의 해소를 거쳐 다시 새로운 긴장으로 향하는 심적인 원리, 다시 말해서 고통에서 쾌락을 거쳐 고통으로 향하는 심적인 원리를 프로이트는 '쾌락원칙'이라 불렀다.

프로이트는 이러한 '쾌락원칙'을 인간이 자기보존을 위해서 따라야만 하는 '현실원칙'과 대비시켰다. 인간은 자기보존을 위해서는 항상 성적인 쾌락만을 추구할 수는 없으며 노동을 해야만 하고 사회적 터부에 적응해야 한다. 쾌락원칙과 현실원칙은 서로 갈등관계에 있으며 양자 사이에 일정한 평형을 유지하는 것이 정신적으로 건강하게 살기 위한 조건이 된다. 이 두 원칙 중의 어느 한쪽이 과도하게 되면 신경증 내지는 정신병적 징후가 나타나게 된다.

　보통 사람들은 프로이트가 성적인 욕망만을 인간 행동의 결정적인 동기로 보았다고 생각하면서 프로이트의 학설을 범성욕설汎性慾說로 규정하는 경우가 많지만, 이상에서 본 것처럼 프로이트는 오히려 인간을 서로 갈등하는 두 가지 충동, 즉 성적 쾌락에의 충동과 생존에의 충동을 갖는 존재로 본다.

　'인류의 역사'에 대한 프로이트의 견해 역시 쾌락원칙과 현실원칙이라는 두 가지 원리를 기초로 하고 있다. 프로이트는 원시인이란 성적인 본능을 완전히 충족시키는 인간이라고 생각한다. 그러나 본능을 완전히 만족시키는 이러한 원시인은 문화와 문명의 창조자가 될 수 없다. 문명을 창조하기 위해서는 인간은 쾌락원칙보다 현실원칙에 따르면서 성적인 본능의 직접적이고 완벽한 만족을 단념하고 그것을 육체적·정신적 노동에너지로 승화시켜야만 한다. 문명이 발전되어 가면서 인간은 이러한 승화의 도度를 갈수록 높이게 되지만, 성적인 충동은 충족되지 못함으로써 인간은 욕구 불만에 사로잡히게 된다. 인간은 지식과 교양을 늘리지만 어떤 의미에서는 원시인보다 불행하게 되고, 지나친 욕구 불만의 소산인 신경증에 걸리기 쉽게 되는 것이다. 따라서 인간은 자신이 만들어낸 문명에 대해서 지속적으로 불만을 품게 된다.

● 프로이트의 한계 1－인간에 대한 본능주의적인 파악이 갖는
　문제점

　프로이트는 신경증의 기원을 사람들이 유아 상태에서 자신의 성욕과 부모의 권위 사이에서 겪게 되는 심리적인 갈등을 제대로 해결하지 못한 데서 찾고 있다. 그러한 갈등을 프로이트는 '오이디푸스 콤플렉스'라고 부른다. 나이 어린 사내아이가 만날 수 있는 최초의 여성은 어머니이다. 그 결과 사내아이는 어머니에 대한 성적 욕구를 갖게 되고 아버지의 경쟁자가 된다. 신경증은 이러한 경쟁에서 비롯되는 불안에 대해서 적절한 방법으로 대처하지 못한 데서 생긴다.

　그러나 프롬은 아버지와 자식 사이의 갈등은 그러한 성적인 경쟁에서 야기되는 것이 아니라 부모의 권위적인 억압에 대한 반발에서 비롯된다고 본다. 부모의 권위적인 억압은 가부장적인 사회에서는 흔한 현상이다. 부모의 불합리한 권위적인 억압에 대한 싸움에서 어린이가 패배함으로써 남겨진 상

처야말로 모든 신경증의 근원인 것이다. 이러한 상처로 인해서 인간의 독창성과 자발성은 약화되거나 마비되며 사람들은 자기 자신이 아니라 신이나 재물·명성·강박적인 의례·사회적 여론·유행과 같은 익명의 권위에 의존하게 된다.

하지만 프롬은 프로이트의 이론을 전적으로 본능주의적인 것으로만 볼 수는 없다고 보고 있다. 사실 프로이트는 단순히 본능뿐 아니라 사랑, 증오, 야심, 탐욕, 질투, 선망과 같은 인간의 정열을 과학적으로 탐구했다. 바로 이러한 이유 때문에 그의 작업이 처음에는 정신의학자와 심리학자들에 의해서보다도 예술가들에 의해서 훨씬 더 긍정적으로 받아들여졌다. 예술가들은 자신들의 테마인 인간의 '혼'에 대해서 섬세하게 분석하는 최초의 과학자가 나타났다고 느꼈던 것이다.

그럼에도 프로이트는 자신의 새로운 발견을 자기시대의 개념과 용어로 표현하지 않을 수 없었다. 그는 19세기의 유물론적인 사고방식에서 벗어나지 못했기 때문에 인간의 정열을 본능의 소산으로 보게 되었다. 그 결과 그는 성애性愛, Eros라는 개념을 지나치게 확대하게 되었으며 모든 인간의 정열을 성욕이라는 본능이 발현되는 다양한 형태로 간주하게 되었다.

사랑, 증오, 탐욕, 허영, 야심, 사욕, 질투, 잔혹성, 부드러움과 같은 다양한 감정과 열정을 그는 단순히 성욕의 승화나 이러한 승화에 대한 반발로 보게 된 것이다.

그러나 자신의 연구의 제2기에 프로이트는 이러한 본능주의적 도식에서 벗어나려고 하였다. 그는 인간은 생존본능과 성적인 본능이라는 두 가지 이기적인 동인, 즉 식욕과 성욕에 의해서 지배되는 것이 아니라, 사랑과 파괴를 향한 두 가지 정열에 의해서 지배되고 있으며, 이러한 정열들은 생존본능이나 성적인 본능처럼 생리적인 현상에 불과한 것이 아니라는 사실을 인정했다. 그러나 프로이트는 여전히 유물론적인 전제에 얽매여 있었으므로 그러한 정열들을 '삶의 본능'과 '죽음의 본능'이라고 불렀다.

이에 대해서 프롬은 우리가 앞에서 보았다시피 사랑과 자유를 향한 정열을, 파괴·고문·지배·굴종 따위에 대한 열정과 마찬가지로 본능으로 보지 않는다. 그것들은 육체의 생존에 직접적으로 필요하지는 않지만 생존본능이나 성적인 본능과 같은 정도로—경우에 따라서는 그 이상으로—강하다. 따라서 모든 열정을 본능으로 환원하는 기계론적이고 환원주의적 견해를 버리고 인간을 전체적으로 고찰해야 하며 인간의 정열이 한 인간의 삶에서 어떠한 기능을 하는지를 고려해야만 한다. 그러한 정열은 단순히 특정한 생리적 욕구를 충족시키는 것과 관련되지 않고 한 개인의 전체적인 성장에 대한 욕구와 관련되어 있는 것이다.

인간의 정열은 금욕주의적인 수도사의 예에서 보는 것처럼 인간을 생존조차 어려운 불리한 조건을 감수하면서도 인생의 의미를 깨달으려고 노력하는 영웅적인 존재로 변모시킬 수 있다. 인간의 정열은 생명을 유지하는 정도를 넘어서 인생의 의미를 깨닫고 주어진 환경 아래에서 달성할 수 있는 최고의 힘을 체험하려고 하는 노력과 결부되어 있는 것이다. 인간은 사랑이나 동정 혹은 자비와 같이 생명을 증진하는 정열을 동원함으로써 그전보다도 더 강한 활력과 자기의 통일성을 경험할 경우에만 정신적으로 건강한 존재가 될 수 있다.

인간에 대한 자신의 새로운 견해에 입각하여 프롬은 프로이트의 심리학을 결핍의 심리학으로 규정하고 있다. 프로이트는 쾌락을 '성적인 에너지가 발산되지 못한 상태에서 인간이 겪는 고통스러운 긴장이 해소된 결과 생겨나는 만족'이라고 정의한다. 따라서 사랑이나 자비심과 같은 풍요로운 현상은 그의 사상 체계에서는 아무런 역할도 하지 못하고 있다. 그는 그러한 현상을 배제했을 뿐 아니라 '성'이란 현상에 대해서도 극히 단순하게 생각하고 있다. 프로이트는 성욕 속에서 오직 생리학적인 강제만을 보았으며, 성적인 쾌락도 성적인 욕구불만에 사로잡힌 고통스러운 긴장이 해소되는 것에 불과한 것으로 보았다. 그러나 육체적인 만족을 가져다 줄 뿐 아니라 정신적인 풍요와 기쁨을 낳는 행위로서의 성적인 행위는 긴장으로부터의 해방처럼 소극적인 성격만을 갖는 것은 아니다.

● 프로이트의 한계 2―상대주의적인 입장의 문제점

프롬은 프로이트의 이론은 가치와 규범의 문제에서 상대주의로 떨어질 가능성이 있다고 본다. 프로이트는 사람들이 어떤 가치 판단을 내리게 되는 동기를 이해하는 데는 심리학이 기여할 것이 있지만, 가치 판단 그 자체의 타당성을 입증하는 데는 심리학이 기여할 수 있는 것이 아무것도 없다고 생각한다. 이러한 생각은 그의 초자아 이론에서 가장 분명히 나타나고 있다. 이 이론에 따르면 부친이 어린아이에게 주입하는 사회적 규범과 명령이나 금지 체계가 각 개인의 양심의 내용이 된다는 것이다. 따라서 프로이트는 각 개인이 주체적으로 사회적인 규범을 비판하고 새로운 규범을 형성해 나갈 수 있는 능력을 고려하지 않고 있다. 그러나 이렇게 되면 모든 사회적 권위는 단순히 사회적 권위라는 이유로 정당성을 갖게 되는 결과가 빚어지게 된다.

● 프로이트의 한계 3－인간을 고립된 실체로 보는 입장과 인간
　과 사회에 대한 정적靜的인 파악의 문제점

　프로이트는 인간을 악한 존재로 보면서 인간 사이의 관계를 적대적인 것으로 보는 근대의 특정한 통념을 계승했다. 인간 간의 관계를 '만인 대 만인의 투쟁'으로 본 홉스처럼 프로이트는 인간을 근본적으로 반反사회적인 존재로 보고 있는 것이다. 프로이트는 남성은 모든 여자를 정복하려는 무제한적인 욕망에 쫓기고 있다고 보면서, 사회적 금지조치만이 이러한 욕망의 무분별한 추구를 저지할 수 있다고 가정한다. 그는 사람들은 서로 질투를 하지 않을 수 없고 이러한 상호 간의 질투와 경쟁은 이러한 질투와 경쟁을 유발하는 사회적·경제적 원

인이 모두 사라지더라도 계속될 것으로 보았다.

프로이트의 이러한 인간관은 그 당시 자본주의적인 인간관에 의해서 크게 영향을 받았다고 할 수 있다. 프로이트는 항상 개인을 타인과의 관계에서 고찰하지만, 프로이트가 생각하고 있는 인간 상호 간의 관계는 자본주의 사회 안에서 인간이 맺는 경제적인 관계와 유사하다. 자본주의에서 각 개인은 홀로 위험을 짊어지면서 자신을 위해서 일할 뿐이며, 인간 간의 관계는 시장에서 상품을 교환하듯이 서로 손익을 따지면서 거래를 하는 관계가 된다. 이 경우 타인은 자신의 욕구충족을 위한 수단으로 간주될 뿐이다.

아울러 프로이트는 개인과 사회의 관계를 본질적으로 정적인 것으로 파악하고 있다. 즉 개인은 본질적으로 불변적인 존재로 파악되며, 다만 사회가 각 개인의 자연적인 충동에 대하여 보다 더 많은 억제를 가하든가(이런 경우에는 승화의 도는 높아진다) 또는 보다 더 많은 만족을 허용하는 한에서만(이런 경우에는 문화가 희생된다) 개인은 변화하게 된다. 프로이트는 인간은 어떠한 문화에서 살든 간에 동일한 생물학적인 충동을 갖는 존재로 보았으며, 따라서 근대인에게만 특유한 열정과 불안감마저도 인간 일반의 생리적인 구조에서 비롯된 것으로 보았다.

그러나 개인과 사회의 관계는 자연적인 충동을 갖는 개인이 한편에 존재하고 또 다른 한편에는 개인과 별도로 사회가 존재하면서 개인의 욕구를 허용하든가 억압하는 관계가 아니다. 물론 사람이면 누구나 가지고 있는 여러 가지 욕망, 이를테면 식욕과 성욕과 같은 여러 가지 불변적인 욕구가 있는 것은 사실이다. 그러나 인간의 성격적인 차이를 형성하는 사랑과 증오, 권력에 대한 갈망이나 복종에 대한 동경, 감각적인 즐거움에 대한 탐닉과 같은 충동은 상당 부분 인간이 사회에 적응하는 가운데 형성되는 것이다. 인간이 가지고 있는 가장 아름다운 성향은 가장 추악한 성향과 마찬가지로 고정된 생물학적인 인간성의 일부가 아니라 바로 인간을 형성하는 사회과정의 산물인 것이다. 다시 말하여 사회는 프로이트가 말하는 것처럼 단지 억압적인 기능만을 갖는 것이 아니라 창조적인 기능도 가지고 있다.

인간이란 우선 먹고 마시면서 적에 대하여 자신을 지켜야만 한다. 이를 위해서는 노동을 해야 한다. 그러나 '노동'은 항상 어떤 특정한 경제조직 안에서 행해진다. 인간은 봉건제도 안에서 하나의 농노로서 일하거나, 자본주의 사회 안에서 하나의 기업가나 백화점 안의 여자 판매원으로서 혹은 큰 공장에 설비된 거대한 기계 앞의 노동자로서 일하는 것이다. 이렇게 노동양식이 달라짐에 따라서 사회구성원들에게는 전연 판이한 사회적 성격이 요구되며 또한 다른 사람과의 관계도 다른 양상을 띠게 된다. 사람이 세상에 태어날 때 이미 그가 그 안에서 먹고 마시고 노동하면서 살아야 하는 무대가 만들어져 있는 것이며, 이는 인간은 각자 자신이 태어난 사회가 요구하는 방식에 따라서 살아야만 한다는 것을 의미한다.

따라서 특정한 경제적 조직에 의해서 규정되는 생활양식이 개인의 성격구조 전체를 결정하는 1차적인 요소가 된다. 그는 자기보존을 위해서는 사회가 요구하는 조건을 수용해야만 하는 것이다. 물론 이는 인간이 다른 사람들과 협력하여 사회의 변혁을 시도할 수 없다는 것을 의미하지는 않는다. 그것은 다만 인간의 성격이란 우선은 각 사회의 특수한 생활양식에 의해서 형성된다는 것을 의미할 뿐이다.

프롬은 프로이트 사상의 한계를 위와 같이 지적하고 있지만 프로이트를 계몽주의적인 합리주의를 대표하는 최후의 사상가이면서도 그것의 한계를 드러낸 최초의 사상가로 보면서 그의 공적을 높이 평가하고 있다. 프로이트는 계몽주의적인 합리주의가 주장한 대로 이성이야말로 가장 가치 있고 인간다운 능력이지만 그것은 자주 본능적인 정열에 의해 왜곡된다고 보았다. 따라서 프로이트는 우리가 인간의 본능적인 정열을 이해할 경우에만 이성의 능력을 해방시켜 이성으로 하여금 자신의 능력을 제대로 발휘할 수 있게 한다고 생각했다. 프로이트는 인간의 행동을 규정하는 비합리적이고 무의식적인 힘에 대한 분석에서 그 이전의 어느 누구보다도 훨씬 더 앞섰다. 프로이트와 그의 후계자들은 근대 합리주의에 의해서 무시되어 온 인간성의 비합리적이고 무의식적인 현상들도 일정한 법칙을 따르기 때문에 그것을 합리적으로 이해할 수 있다는 사실을 보여 주었다.

3

프롬의 마르크스 수용

프롬은 인간을 사회와의 역동적 관계에서 파악하는 것과 동시에 인간의 성격구조를 역사적으로 변화하는 것으로 파악한 최초의 사상가가 마르크스였다고 본다. 사람들은 보통 마르크스의 역사적 '유물론'이 인간 행동의 결정적인 동기가 물질적 만족에 대한 소망 내지 재화를 무제한적으로 사용하거나 소유하고 싶다는 욕구에 있다고 주장하고 있다고 생각한다. 사람들은 프로이트가 인간 행동의 가장 강력한 충동을 성적 욕망으로 보았던 반면에, 마르크스는 소유욕이야말로 인간의 가장 강력한 충동으로 보았다고 믿는 것이다.

프롬은 이러한 통념을 오류라고 보고 있다. 마르크스는 경제적 이해관심이 인간행동의 결정적인 동기라고 보지 않았다는 것이다. 마르크스의 역사적 유물론이란 각 시대의 생산양식이 그 시대를 사는 인간의 생활습관과 생활방식 그리고 사고방식을 규정한다는 것을 의미한다. 우리가 앞에서 보았듯이 19세기의 자본주의 생산양식은 검약하고 저축하려는 성향을 조장한다. 이에 반해 20세기의 생산양식은 낭비와 대량 소비에의 성향을 촉진한다.

마르크스는 각 개인은 생존하기 위해서 자신이 태어난 사회의 생산양식에 적응하지 않으면 안 된다고 주장하지만 이는 결코 소유하고 소비하고 싶어하는 욕구가 인간의 중심적인 충동이라는 것을 의미하지는 않는다. 오히려 자본주의에 대한 마르크스의 주요한 비판은, 자본주의적인 생산양식이 '소유'하고 '소비'하고 싶어하는 욕망을 자본주의 사회의 원활한 기능과 성장을 위한 심리적인 동인으로 사용하면서 조장하고 있다는 점에 향하고 있는 것이다. 마르크스는 소유하고 소비하려는 욕구에 의해 지배되는 인간을 정신적으로 불구가 된 인간으로 생각한다. 그가 지향하는 사회주의 사회에서 인간이 목표하는 것은 이윤과 사유재산의 증대가 아니라 인간의 잠재적인 능력의 완전한 개화이다.

마르크스는 역사 속에서 인간의 정신이 진화해 간다고 보았다. 원시시대에 인간은 자연에 전적으로 종속되어 있으면서 자연을 두려워했지만, 인간의 정신이 발달함에 따라서 점차 자연으로부터 독립하게 된다. 인간은 자연을 기술적으로 지배하고 변형시키는 것과 동시에 자기 자신을 개조하게 된다. 인간이 자연에 종속되어 있으면서 자연을 두려워하는 한 인간은 많은 점에서 어린아이와 유사하기 때문에 자신의 지적·감정적인 능력을 충분히 발휘할 수 없다. 인간은 자연에 대한 종속과 두려움을 완전히 탈피한 후에야 자신의 지적·감정적인 능력을 완전히 발휘할 수 있게 되는 것이다. 따라서 마르크스가 지향한 이상사회인 사회주의 사회란 단순히 평등한 사회가 아니고 인간 모두가 성숙한 인간이 되어서 자신의 잠재력을 충분히 개화시킬 수 있는 사회다.

이와 관련하여 프롬은 역사에 대한 마르크스와 프로이트의 사상 사이의 차이를 다음과 같이 파악하고 있다. 마르크스의 사상은 인간의 완전성과 진보에 대해서 확고한 신념을 품고 있으며, 이 점에서 그것은 구약성서의 예언자에서 시작해서 그리스도교와 르네상스 그리고 계몽사상을 통해 계승된 서구의 메시아적 전통에 뿌리를 박고 있었다. 마르크스에게 역사는 인간이 자신의 잠재적인 능력을 실현해 나가는 과정이다. 이에 반해 프로이트, 특히 제1차 세계대전 이후의 프로이트는 인간의 능력과 역사의 미래에 대해서 회의적이었다. 프로이트는 문명의 전개는 비극적인 모순을 안고 있는 것으로 보았다. 문명은 인간을 불행하고 병적으로 만들지만, 그렇다고 하여 원시시대로 되돌아갈 경우 인간은 쾌락을 얻지만 지혜를 상실하게 된다.

아울러 마르크스는 사회는 단순히 인간의 자연적 충동을 억압하는 것이 아니라, 대부분의 사회들이 많든 적든 악을 포함하고 있음에도 불구하고 인간 개개인은 자신의 잠재력을 개발하기 위해서 사회를 필요로 한다고 보았다. 사회를 떠나서 인간이 홀로 원시림에서 살 경우에 인간은 언어를 사용하거나 기술을 개발할 수 있는 것과 같은 자신의 잠재적인 능력을 발달시킬 수 없다는 것이다. 프로이트가 사회를 본질적으로 억압적인 것으로 보는 반면에, 마르크스는 건전하고 생산적인 개인들로 구성되어 있으면서 그러한 개인들의 성장을 돕는 '좋은 사회'가 있다고 생각한다.

이와 관련하여 프롬은 건강한 인간에 대한 프로이트와 마르크스의 견해 사이에 존재하는 차이에 대해서도 지적하고 있다. 프로이트에서는 건강하고 성숙한 인간이라도 근본적으로 자기 내부에 폐쇄된 고립된 인간이다. 이러한 인간은 타인을 자기의 본능적 욕망을 만족시키는 수단으로 필요로 하고 있을 뿐이다. 그리고 남자와 여자가 성행위를 통해서 얻는 만족도 시장에서 물건을 사는 사람과 파는 사람이 서로 정당한 교환을 하는 데서 얻을 수 있는 만족과 유사하다. 이에 반해 마르크스에게 인간은 원래 사회적인 존재이다. 인간은 자기의 욕망을 만족시키는 수단으로서 다른 인간을 필요로 하지 않고, 다른 인간과의 관계를 통해서 비로소 자기 자신이 되고 완전한 인간이 되기 때문에 동료를 필요로 하는 것이다. 건강한 인간에 대한 마르크스의 상像은 스피노자·괴테·헤겔에 바탕한 독립적이며 활동적이고 생산적인 인간이라는 휴머니즘적인 개념에 뿌리박고 있다.

건강한 인간에 대한 마르크스와 프로이트의 상像은 독립성이라는 점에서는 일치한다. 그러나 프로이트가 말하는 독립성은 아들이 아버지의 명령과 금지의 체계를 받아들여 그것을 내면화함으로써 아버지에게서 독립하는 것을 의미한다. 그러한 독립성은 결국은 자신이 내면화한 아버지나 사회의 권위에 간접적으로 의존하고 있다. 이에 반해서 마르크스의 독립성 개념은 그러한 권위에 대해서 주체적으로 비판할 수 있는 능력까지 포함하고 있으므로 프로이트의 독립성 개념이 갖는 한계를 넘어서고 있다.

그러나 프로이트와 마르크스 사이의 결정적인 차이는 프로이트가 인간이 사회를 변화시키지 않고서도 자유롭게 될 수 있다고 본 반면에, 마르크스는 보편적이고 충분히 각성된 인간은 진정으로 인간적인 사회경제적 구조를 통해서만 탄생될 수 있다는 사실을 통찰했다는 데에 있다. 사람들은 보통 자신이 살고 있는 사회의 요구에 부합되지 않는 사고나 감정은 억압하게 된다. 예를 들어서 모든 기업이 경쟁에서 살아남기 위해서 가능한 한 정교하고 세련된 상품들을 만들어 내는 데 총력을 기울여야만 하는 현대산업사회에서는 "이른 아침, 장미의 꽃망울 위에 이슬이 맺히고, 공기는 아직 차갑고, 해가 떠오르고, 새가 지저귄다"는 식의 시적인 체험은 중요하지 않은 체험으로 여겨진다.

프롬은 마르크스의 휴머니즘적인 사회비판이야말로 우리가 살고 있는 사회가 인간 안에 포함되어 있는 가능성 중 어떤 부분만을 의식 속에 들어오는 것을 허용하고 어떤 부분들은 무의식 속으로 몰아넣도록 하는지를 보여준다고 생각한다. 프로이트에게 문명의 진보는 항상 억압의 증가를 의미하는 반면에, 마르크스에게 억압이란 착취와 계급지배에서 비롯되는 것이기 때문에 착취와 계급 갈등이 사라진 사회는 인간성에 대한 억압도 필요 없게 되며 따라서 무의식의 차원도 없어지게 된다.

이런 맥락에서 프롬은 프로이트를 높이 평가하지만 마르크스를 프로이트보다 훨씬 더 큰 깊이와 폭을 가진 사상가라고 보고 있다. 마르크스는 계몽주의적인 휴머니즘과 독일 관념론의 정신적 유산을 사회구조에 대한 경험적 분석과 결합함으로써 서구적인 휴머니즘 정신으로 충만한 새로운 과학의 기초를 마련할 수 있었다. 이 점에서 프롬은 마르크스에게 사상사적으로 탁월한 위치를 부여할 수 있다고 확신한다. 마르크스 사상 내의 휴머니즘의 정신은 통속적인 마르크스주의에 의해서 부인되거나 왜곡되고 있지만 프롬은 그러한 휴머니즘의 정신이야말로 마르크스 사상의 바탕이 되고 있다고 보고 있는 것이다.

4

프롬의 마르크스 비판

마르크스를 이렇게 높이 평가하면서도 프롬은 마르크스의 한계도 간과하지 않는다. 프롬은 마르크스의 사상이 갖는 이러한 한계가 근본적으로 마르크스가 자본주의의 발달이 정점에 달했던 시대에 살았다는 사실에서 비롯된다고 보고 있다. 프롬에 따르면 마르크스는 자본주의가 쇠퇴하고 궁극적인 위기가 시작되기 1백 년 이전에 태어났으며 마르크스 역시 시대의 아들인 한, 그 당시 사회에 퍼져 있던 태도와 개념에 의해서 영향을 받지 않을 수 없었다는 것이다.

첫째로, 마르크스는 이른바 '과학적' 사회주의를 정립하기 위해서 고전학파 경제학자들의 이론에 따랐다. 경제는 인간의 의지와는 전혀 관계없이 자체적인 법칙에 따른다고 이들이 주장했던 것처럼 마르크스도 사회주의는 경제법칙에 따라 '필연적으로' 실현된다는 것을 증명하려고 했다. 그 결과 그는 가끔 역사과정에서 인간의 의지와 상상력이 차지하는 역할과

인간이 지닌 열정의 복잡성을 과소평가했으며 결정론적인 것
으로 오해되기 쉬운 공식을 전개하는 경향이 있었다. 그는 인
간은 동물과는 전적으로 구별되는 자체적인 열정과 법칙을
가지며 경제적 조건과 항상 상호작용을 한다는 사실을 충분
히 인식하지 못했다. 물론 프롬은 마르크스에게는 결정론적
입장을 넘어서는 면도 존재한다고 보고 있지만, 또한 결정론
적인 요소가 무시할 수 없을 정도로 상당히 존재한다고 보는
것이다.

둘째로, 마르크스와 엥겔스는 사회구성원들이 자유로운 연
합에 의해서 직접 운영되는 사회를 지향하면서도 생산수단을
국유화하고 소유권과 재산권을 변화시킨다는 것이 갖는 중요
성을 지나치게 과대평가하는 경향이 있었다. 그는 생산수단이
자본가의 손에 있든 국가에 있든 그것만으로는 노동자의 현실
에는 큰 변화가 일어날 수 없다는 사실을 간과했다.

물론 프롬은 마르크스가 생산수단의 국유화를 목표 자체로
생각하지 않았고 그것을 인간의 자유와 해방, 즉 '진정한 민주
주의'를 달성하기 위한 수단으로 파악했다는 사실을 잊지 않
고 있다. 이러한 사실은 '천박한 형태의 공산주의'에 대한 마

르크스의 비판에서 특히 명확하게 나타나고 있다. 그가 말하는 '천박한 공산주의'는 소유권의 변화만을, 즉 사유재산의 폐지 그 자체를 목적으로 강조하는 공산주의를 의미한다. 소유의 평등을 사회주의와 동일시하는 천박한 공산주의는 부유한 자들에 대한 선망과 질시에 사로잡혀 있다. 마르크스는 인간의 해방이 원래 단순히 생산수단을 국유화한다는 정치적인 문제이라기보다는 경제적·사회적 문제라는 것, 즉 노동자들이 사회와 기업의 운영에 직접 참여할 수 있는 사회의 건설이라는 것을 확신하고 있었다.

그러나 마르크스에게는 또한 사회주의를 생산수단의 국유화와 동일시하는 경향이 있었으며 사유재산의 폐지가 곧 노동계급의 해방을 초래하리라고 믿는 경향이 있었다. 마르크스가 생산수단의 국유화를 사회주의의 핵심으로서 내세운 것은 19세기 자본주의의 영향을 받았기 때문이다. 소유권과 재산권은 자본주의의 핵심적인 범주였다. 따라서 마르크스가 생산수단의 사회화를 주장하면서 자본주의의 사유재산제도를 전도한 것이 사회주의라고 정의를 내릴 때, 그는 소유권과 재산권 등 순전히 경제적인 요인이 인간의 행복에서 갖는 중요성을 —그가 비판하는 부르주아들과 마찬가지로— 지나치게 과대평가하고 있다.

마르크스가 소유권의 변화를 지나치게 강조함으로써 마르크스가 말하는 사회주의를 자본주의와 근본적으로 다르지 않은 사회체제로 왜곡시키는 것이 용이해졌다. 소련의 공산주의는 사회주의를 최대한의 소비와 최대한의 기계의 사용을 곡적으로 하는 순전히 경제적인 개념으로 변모시켰다. 사회주의의 목표는 자본주의가 소수에게만 주는 소비의 즐거움을 국민 전체에게 골고루 나누어주는 것이라는 식으로 이해되었다.

셋째로, 마르크스는 노동계급을 낭만적으로 이상화했는데, 이는 노동계급에 대한 객관적 관찰에 입각한 것이라고 볼 수 없었다. 그는 자유를 두려워하게 하고 권력에 대한 열망과 파괴적 성격을 초래하는 인간 내면의 퇴행적인 힘을 인식하지 못했다. 그는 인간은 선천적으로 선하며 다만 사회적 환경이 인간을 타락시키는 것이기 때문에, 이러한 사회적 환경의 철저한 변혁과 더불어 인간의 근원적인 선성善性이 그 모습을 드러낼 것이라고 믿었다. 이러한 관점에서 볼 때 마르크스와 엥겔스는 18세기의 소박한 낙천주의에 사로잡혀 있었다. 인간적 열정의 복잡성을 과소평가한 것이 원인이 되어 마르크스의 사상에는 세 가지의 위험한 오류가 나타났다.

첫 번째로 그는 인간의 변화에서 도덕적, 자각적 요소가 갖는 중요성을 무시하는 오류를 범했다. 경제적 변혁이 이루어지기만 하면 인간의 선은 자동적으로 드러날 것이라는 가정 때문에, 그는 도덕적으로 진정으로 변화되지 않은 사람들에 의해서는 보다 나은 사회가 실현될 수 없다는 사실을 깨달을 수 없었다.

동일한 이유에서 비롯되는 두 번째 오류는 사회주의가 실현될 수 있는 때를 그릇되게 판단한 점이었다. 새로운 광명이 비치기 전에 서방세계를 휩쓸게 될 암흑을 미리 예견한 프루동, 바쿠닌 같은 사람들과는 대조적으로 마르크스와 엥겔스는 '좋은 사회'가 곧 도래하리라 믿었고 공산주의나 파시즘과 같은 권위주의가 대두되고 전대미문의 대전쟁이 일어날 수 있으리라는 가능성에 대해서는 희미하게 짐작하고 있을 뿐이었다. 이러한 이유로 마르크스주의는 레닌주의에서 시작된 사회주의가 파괴적인 양상을 드러낼 때도 그것을 철저하게 비판할 수 없었다. 마르크스주의자들은 그것을 일시적이고 과도적인 현상으로 이해하면서 낙관적인 태도를 취했다.

인간의 악이 단순히 사회적 환경에서 비롯된다고 봄으로써 생기는 세 번째의 오류는 생산수단의 사회화가 자본주의를 사회주의적 공동사회로 개조하는 데 있어서 필요한 조건에 지나지 않을 뿐 아니라 충분한 조건이라고 마르크스가 생각하게 되었다는 점이다.

5

실존철학적 통찰의 수용

프롬은 마르크스의 사상에서 무엇보다 취약한 것이 인간의 본질과 인간성의 변화에 관련되는 것이라고 보고 있다. 마르크스는 비인간적인 소외현상들이 주로 사회적 환경에서 비롯된다고 보았기 때문에 사회구조의 변혁에만 관심을 기울이게 되었다. 이에 대해서 프롬은 인간의 본질과 인간성의 변화는 단순히 사회적 환경에 의해서 수동적으로 결정되는 것은 아니며 독자적인 법칙을 가지고 있다고 생각하며, 따라서 인간성의 변화를 위해서는 사회적 환경의 변화 이외에 자기혁신을 위한 인간 개개인의 노력이 수반되지 않으면 안 된다고 본다.

많은 사회혁명가들은 사회경제적 구조를 변혁하면 인간의 정신은 자동적으로 변화하리라고 믿었는데, 이는 인간의 정신을 지나치게 수동적인 것으로 파악한 데서 비롯되는 것이다.

그들은 옛 엘리트와 똑같은 성격을 갖는 새로운 엘리트가 혁명이 낳은 새로운 사회정치적 제도 안에서 옛날의 사회적 조건들을 재생하려 한다는 사실을 모르고 있으며, 또 혁명의 승리가 혁명으로서는 패배가 되리라는 ··· 사실을 모르고 있다. _『소유냐 존재냐』

마르크스 사상이 갖는 한계를 극복하기 위해서 프롬은 무엇보다 실존철학적인 인간관을 크게 원용하고 있다. 이를 통해서 프롬은 마르크스 사상을 부정하는 것이 아니라 오히려 마르크스주의를 그것의 진정한 동기에 보다 부합되는 토대에 세우고자 한다. 프롬의 철학적 전제는 19세기의 유물론적 전제가 아니라 키르케고르와 니체, 야스퍼스와 하이데거 식의 실존철학이라고 할 수 있다. 물론 프롬은 자신이 실존철학의 영향을 받았다고는 말하지 않는다. 그럼에도 그의 저작들에서는 니체와 하이데거와 같은 사람들의 철학적 작업이 자신과 본질적으로 동일한 사태를 지향하는 것으로서 긍정적으로 가끔 언급되고 있다.

하이데거에 따르면 인간은 자신의 존재를 문제 삼는다는 점에서 다른 동물들과 전적으로 구별된다. 인간은 어떻게 살아야 하는지에 대해서 고민할 수 있는 존재라는 것이다. 그는 자신과 세계에 대한 진정하고 본래적인 이해를 추구하는 존재이다. 하이데거는 이런 점에서 인간은 동물과 전적으로 구별된다고 보았던 것이며 인간이 부딪히는 문제의 해결을 위해서는 프롬과 마찬가지로 생리학적 차원을 넘어서 전적으로 인간적인 차원에서 그 해답을 찾지 않으면 안 된다고 보는 것이다.

프롬에게도 인간은 동물과는 달리 존재 전체 내지 세계를 문제 삼는 존재이다. 그는 동물이 갖지 못하는 이성 내지 의식을 갖게 됨으로써 자신이 근거도 이유도 헤아릴 수 없이 무한한 세계에 내던져져 있다는 것을 의식하는 존재자이며 자신의 이성을 통해서 세계와의 잃어버린 합일을 회복하지 않으면 안 된다. 프롬은 이런 의미에서 인간을 형이상학적인 성격을 갖는 존재로 보고 있다. 따라서 인간의 사회적 삶이라는 것도 프롬에게는 항상 이러한 형이상학적인 지평 안에서 행해지는 것으로 간주된다.

앞에서 우리는 프롬이 인류의 역사를 인간이 자신의 근본적 상황에 대해서 행하는 응답들의 역사로 보고 있다는 사실을 살펴보았다. 인간의 근본적 상황이란 존재 전체의 의미에 대해서 답하도록 처해져 있는 상황이기에, 인간의 역사는 인간이 존재 전체의 의미라는 수수께끼에 대해서 응답하는 역사이다. 이러한 응답이 존재자 전체의 의미에 대한 응답인한, 그러한 응답은 항상 종교적이고 형이상학적 성격을 띨 수밖에 없으며 이러한 점에서 프롬에게는 자본주의도 사회주의도 하나의 종교적이고 형이상학적인 성격을 갖는 것으로서 나타나게 된다.

다만 프롬은 자본주의는 인간을 자신의 잠재적 능력으로부터 소외시키는 우상숭배가 지배하는 사회로 보고 있으며, 이러한 자본주의를 근본적으로 극복하기 위해서는 인간의 근본상황에 대한 전적으로 다른 응답이 요구된다는 것이다. 이러한 응답은 사회와 각 개인의 전면적인 변혁을 요구한다는 점에서 일종의 종교적 회심에 비견될 수 있다. 그는 이러한 회심을 사회구조와 각 개인의 삶이 소유양식에서 존재양식으로 변화되는 것이라고 규정하고 있다.

프롬이 이와 같이 인류의 역사를 인간이 처한 근본상황에 대해서 행하는 응답들의 역사로 봄으로써, 프롬에게는 사회의 변혁과 관련하여 인간의 의식이 마르크스에서보다도 훨씬 더 중요한 의미를 갖게 된다. 인류의 역사는 자신들이 이미 넘어선 진화단계로 항상 후퇴할 수 있으며 이를 피하기 위해서는 인간의 자각적인 자기변혁이 항상 수반되지 않으면 안 된다. 따라서 프롬에게는 의식에 대한 사회적 구조의 우위를 말하는 마르크스에서와는 달리 인간의 의식적인 노력이 심대한 의미를 갖게 된다. 프롬에 따르면 인류의 모든 진화단계에는 그때마다 일종의 종교적 회심에 비견될 수 있는 인간 각자의 자각적인 결단과 자기변혁의 노력이 필요한 것이다.

이렇게 볼 때 마르크스가 말하는 계급투쟁이란 프롬에게

는 단순히 소유를 둘러싼 투쟁이 아니라 인간이 처한 근본상황에 대해서 퇴행적인 응답형식을 고수하려는 자들과 이들에 대해서 보다 진화된 자들, 즉 이성과 사랑의 능력을 보다 강화하는 응답형식들을 추구하는 자들과의 투쟁이란 성격을 갖게 된다.

계급투쟁을 이렇게 사람들에게 삶의 궁극적 의미를 서로 다르게 제시하는 지향체계들을 수호하려는 투쟁으로 봄으로써, 프롬은 계급투쟁이 종종 종교전쟁에 비견되는 치열함과 광기를 띠게 되는 현상도 해명할 수 있게 된다. 계급투쟁에서 패배한다는 것은 사람들이 자신의 삶의 궁극적 의미를 찾았던 지향체계의 소멸을 의미하기 때문에, 사람들은 자신들의 목숨을 걸고서 투쟁할 수도 있으며 또한 자신의 지향체계가 절대적으로 선하다고 확신하기에 다른 계급을 아무런 양심의 가책도 없이 살육할 수도 있는 것이다.

프롬의 인간관은 동물에 비해서 인간이 갖는 특수성을 강조함으로써 19세기적인 생리학적 유물론으로부터 완전히 벗어나는 것과 아울러 인간의 근본상황에서 비롯되는 인간존재의 종교적·형이상학적인 성격을 강조함으로써 기존의 마르크스주의와는 상당히 다른 면모를 갖게 되었다. 대부분의 마르크스주의자들은 종교를 인간과 사회의 중요한 부분으로서 인정하지 않을 뿐 아니라 종교 자체에 대해서 시종일관 부정적인 태도를 취한다. 이에 반해서 프롬은 종교가 개인의 삶과 사회에서 갖는 심대한 의미를 인정하면서 종교 자체를 부정하기보다는 종교의 왜곡된 측면을 배제하면서 종교가 갖는 생산적인 측면을 발전시키려고 한다. 즉 프롬은 그리스도교나 불교의 진정한 근본정신을 드러내면서 그것들이 이성과 사랑의 능력을 개발하는 데 기여할 수 있다고 보는 것이다.

이러한 연유로 프롬은 건전한 사회의 건설을 위해서는 정치적·경제적 구조의 변화뿐 아니라 새로운 예술과 종교가 나타나야 하고 이를 통해서 인간성격이 근본적으로 변화되어야 한다고 보는 것이다. 따라서 그는 마르크스와 프로이트처럼 종교와 신적인 차원의 존재를 부인하는 인간중심주의적인 사상가들을 자신의 정신적 스승으로서 받아들이면서도 부처와 예수, 마이스터 에크하르트와 같은 종교인들을 자신의 스승으로 받아들이고 있다.

마르크스주의적인 입장에서는 프롬의 이러한 태도는 보수

적 입장으로의 회귀라고 말할지 모르나 본인은 이러한 태도
야말로 프롬이 편향된 입장에 빠지지 않고 항상 열려 있고 균
형 있는 자세를 견지한 사상가라는 사실을 보여주는 대표적
인 예라고 생각한다. 사회구조의 변화가 갖는 필요성을 인정
하면서도 종교적 명상을 통해서 자신에 대해서 끊임없이 면
밀하게 관찰하고 반성하는 수행이 갖는 중요성을 동시에 강
조할 수 있는 프롬의 탄력성이야말로 프롬의 약점이 아니라
강점인 것이다.

이렇게 인간 개개인의 변화가 갖는 중대한 의미를 인정하면
서도 프롬은 다른 한편으로 사회가 인간의 삶에서 갖는 지대
한 영향을 무시하지 않았다. 그는 인간의 삶의 변혁을 위해서
는 인간 개개인의 자기변혁이 필요할 뿐 아니라 사회구조의
변혁이 동시에 요청된다고 말하는 것이다.

이와 같이 프롬은 인간의 사회적 차원만을 중시하는 마르
크스주의적인 편향을 넘어서는 한편 인간의 내면적인 차원만
을 중시하는 실존철학적 편향도 넘어서는 것이다. 아울러 프
롬은 실존철학자들 못지않게 인간의 비극적인 상황과 인간의
비합리적이고 파괴적이고 퇴행적인 측면을 주목하면서도 마

르크스주의자들과 함께 인간의 무한한 가능성에 대한 신념을 잃지 않으면서 양자의 통찰들을 종합하면서 발전시키고 있다. 이렇게 프롬은 그 어떠한 사상에도 편향되지 않고 항상 냉철함과 절도를 잃지 않는다는 점에서 '이데올로기의 시대'라고 불리는 20세기의 한복판에서 그 유례를 찾아보기 힘든 균형 잡힌 자세를 보여주고 있다.

프롬의 사상은 계몽주의의 휴머니즘적인 정신을 기초로 하면서도 인간에 대한 이해와 관련하여 실존철학적인 통찰을 크게 수용하고 있으며, 방법적인 차원에서는 프로이트의 정신분석학과 마르크스의 역사적 유물론을 수용하고 있다. 이렇게 인간과 사회 그리고 역사에 대한 이해의 지평을 확대 심화시킨 현대의 세 가지 사상조류를 종합함으로써 프롬은 20세기의 그 어느 사상가들보다도 개방적이고 유연하면서도 깊이와 통일성을 갖춘 사상세계를 건립했다.

세창사상가산책 **3** | 에리히 프롬